Erwin W. Lutzer

Der »Da Vinci Code« – Fakt oder Fiktion?

Dan Browns »Sakrileg« entlarvt

Unseren guten Freunden David und Nancy Lagerfeld. Sie machten mich darauf aufmerksam, dass manche Leser des Buches *Sakrileg* Mythen mit Tatsachen und Aberglauben mit nüchterner Geschichte verwechseln. Euer Einsatz für den wirklichen Jesus hat vielen anderen geholfen, den rechten Weg zu finden.

Erwin W. Lutzer

Der „Da Vinci Code“

Fakt oder Fiktion?

Impressum

Lutzer, Erwin W.
Der »Da Vinci Code« – Fakt oder Fiktion?
Dan Browns Sakrileg entlarvt

ISBN-10 3-89436-468-8 ISBN-13 978-3-89436-468-7

Titel des amerikanischen Originals:
The Da Vinci Deception
Credible answers to the questions millions are asking about Jesus, the Bible and *The Da Vinci Code*

Übersetzung: Peter Schäfer von Reetnitz
Satz: CV Dillenburg
Umschlaggestaltung: Christoph Ziegeler, www.pixel-kraft.de
Druck: Oldenbourg Taschenbuch

Printed in Czech Republik

INHALT

VORBEMERKUNG DES AUTORS
Das Rätsel Jesus

»Was sagt ihr, wer ich bin?«

Die Jünger wussten, was andere über Jesus sagten. Manche meinten, er sei Johannes der Täufer oder einer der Propheten – aber Jesus verlangte eine persönliche Antwort: »Was sagt *ihr*, wer ich bin?«

Jesus drang darauf, dass sie antworteten. Er wollte von ihnen nicht hören, was er sagte oder tat; er fragte auch nicht, ob die Jünger ihn mochten oder nicht. Seine Frage zielte auf ihre Herzen: Wer war er in ihren Augen als Person? War er nur ein außerordentlicher Mensch? Oder war er mehr?

Diese Frage bewegt uns bis heute.

Die Auseinandersetzung, die sich an dem Film *»Die Passion Christi«* entzündet hat, beweist, dass diese Frage immer noch nach einer Antwort verlangt. Justin Pope schrieb in einem kürzlich erschienenen Artikel in der *Chicago Sun Times*, Jesus sei ein weitläufiges Symbol mit vielen Interpretationsmöglichkeiten. »Es gibt einen schwarzen Jesus und einen weißen Jesus. Er ist gleichermaßen hausbacken und stattlich, Kapitalist und Sozialist, streng und melancholisch. Ein emsiger Sozialreformer, ein geheimnisvoller Trostspender.«[1]

Das Buch *Sakrileg* bietet eine anders geartete Antwort an: Jesus, der verheiratete Mann; Jesus, der Feminist; Jesus, der sterbliche Prophet. Es ist klar, dass jeder eine Meinung über Jesus hat.

In diesem Buch werden wir die historischen Wurzeln des frühen Christentums untersuchen. Wir werden versuchen, zuverlässige Antworten auf folgende Fragen zu geben: Wer ist Jesus? Sind die Schriften des Neuen Testaments verlässliche Berichte über sein Leben und seinen Dienst? Und was bedeutet das für uns, die wir im einundzwanzigsten Jahrhundert leben?

Wir werden uns anschauen, wie Andersdenkende der frühen Jahrhunderte ihre eigenen radikalen Interpretationen vom Leben und Auftrag Jesu darboten. Diese Andersdenkenden hatten ihre eigenen Schriften, ihre eigenen religiösen Überzeugungen und ihre eigenen Lehrer. In dieser Untersuchung wollen wir auswerten, was sie zu sagen hatten und inwieweit es uns heute noch beeinflusst.

Folgen Sie mir auf diese Reise, auf der wir die Ursprünge des christlichen Glaubens erkunden wollen.

Dr. Erwin W. Lutzer

VORWORT
Sakrileg und der Da Vinci Code auf einen Blick

Willkommen in der geheimnisumwitterten Welt der Verschwörungen, Geheimcodes und der historischen Dokumente, die all die Jahrhunderte verborgen gewesen sein sollen, seit es die Kirche gibt!

Für den Fall, dass Sie das Buch *Sakrileg*[1] nicht gelesen haben, werde ich Sie in den Inhalt einführen und damit in einige ungewöhnliche Ideen, von denen Sie möglicherweise nie zuvor gehört haben:

- Jesus war mit Maria Magdalena verheiratet!
- Die beiden hatten Kinder, die wiederum in das französische Königshaus einheirateten.
- All das war seit Jahrhunderten bekannt, aber die Wahrheit wurde der Öffentlichkeit vorenthalten. Man befürchtete, dass die Kirche bei Bekanntwerden ihre Macht einbüßen könnte! Es gibt eine höchst geheime Organisation, die Dokumente hütet, deren Bekanntwerden die Christenheit, wie wir sie kennen, zerstören würde!

»Gerüchte über diese Verschwörung werden seit Jahrhunderten gemunkelt«, schreibt Bestseller-Autor Dan Brown in *Sakrileg*. »Diese Gerüchte haben sich zahlloser Sprachen bedient, einschließlich der Sprachen der Kunst, Musik und Literatur.« Dann wird uns erklärt, dass einige der dramatischsten Beweise in den Gemälden Leonardo Da Vincis sichtbar würden.

Sakrileg hielt sich monatelang auf den Bestsellerlisten, und mit einem Film, der auf dem Buch basiert, erreicht die Geschichte mit Sicherheit noch weitere Verbreitung. Wenn Sie den Inhalt des Buch auch selbst nicht kennen, so kennen Sie doch wahrscheinlich jemanden, der es gelesen hat. Viele meinen, dass das Buch doch eine gewisse Glaubwürdigkeit haben müsse. Der historische Nachweis mag vielleicht fragwürdig sein, aber – wie ein Rezensent anmerkte: »Warum sollten wir nicht glauben können, dass es sich so ereignet haben *könnte*?«

Ehe wir diese Frage beantworten, werfen wir einen Blick auf die Prämisse des Buches. Hier die Kurzfassung der Geschichte: *Sakrileg* beginnt damit, dass der Kurator des Louvre tot in einer Lache seines eigenen Blutes liegt. Währenddessen hält sich Robert Langdon, Harvard-Professor und Fachmann für esoterischen Symbolismus, zu einem Geschäftsbesuch in Paris auf. Die französische Polizei spürt Langdon in seinem Hotel auf und bittet ihn, eine merkwürdige Chiffre zu deuten, die auf dem Körper des Mordopfers gefunden wurde. Langdon wird bei seiner Untersuchung von einer jungen Kryptologin namens Sophie Neveu unterstützt.

Als Sophie Robert heimlich davon in Kenntnis setzt, dass er der Hauptverdächtige in dem Mordfall ist, fliehen beide. Aber das Mordopfer hat ihnen mit Vorbedacht Fingerzeige hinterlassen, denen sie folgen. Als sie seine verschlüsselten Anweisungen dechiffrieren, wird Robert und Sophie schnell klar, dass das Verbrechen mit der legendären Suche nach dem Heiligen Gral in Verbindung steht. Ganz zufällig ist das Paar in der Lage, Verbindung zu einem fanatischen Gralssucher aufzunehmen, Sir Leigh Teabing, dessen umfassendes Wissen und dessen Forschungen ihre Bemühungen antreiben, den Gral zu finden.

Teabing führt das Paar begeistert in die Thematik ein, die sich um die Ereignisse des Neuen Testaments rankt – einschließlich einer neuen, unüblichen Betrachtungsweise von Jesus, Maria Magdalena und der wahren Natur des Heiligen Gral. Er zitiert die gnostischen Evangelien sowie antike Dokumente, die angeblich einen zuverlässigeren Bericht über Jesu Leben und Lehre geben als die Schriften des Neuen Testaments, die wir heute kennen.

Immer noch von der Obrigkeit gesucht, fliehen Robert, Sophie und nun auch Sir Leigh nach London und von da nach Schottland, wo sie weitere Beweise für den Mord und seine Verbindung zum Heiligen Gral zu finden hoffen. Der Leser erlebt die Spannung, wie diese intelligenten, entschlossenen Charaktere versuchen, in die verborgene Welt der Geheimnisse und Verschwörungen einzudringen und Jahrhunderte des Betruges und der Geheimhaltung zu überwinden. Da sie in der Lage sind, hierzu verborgene Codes und geheimgehaltene Handschriften zu nutzen, die die Kirche vor der Öffentlichkeit zu verbergen suchte, sind sie der Polizei immer einen Schritt voraus.

Der vielleicht interessanteste Teil des Buches – und ein Stich ins Herz für jeden Gläubigen – ist der Gedanke, Jesus sei mit Maria Magdalena verheiratet gewesen und die beiden hätten miteinander eine Tochter gehabt. Es geht die Sage um, dass Maria Magdalena und ihre Tochter Sarah nach der Kreuzigung Jesu nach Gallien flohen, wo sie die merowingische Linie des französischen Königtums begründeten. Diese Dynastie besteht, so wird uns gesagt, bis heute und setzt sich in der geheimnisvollen Organisation fort, die wir als den »Orden der Bruderschaft von Sion« (Prieuré de Sion) kennen – ein Geheimbund, dessen militärischer Flügel die Tempelritter waren. Zu den Mitgliedern dieser Organisation gehörten angeblich Leonardo Da Vinci, Isaac Newton und Victor Hugo. Bis heute werden dort, wie Teabing sagt, die Reliquien Maria Magdalenas und die von den Tempelrittern geborgenen handschriftlichen Berichte heimlich und im Verborgenen verwahrt.

Und weiter: »*Sakrileg*« interpretiert den Heiligen Gral um. Es handelt sich danach um nichts anderes als die Überreste der Ehefrau Jesu, Maria Magdalena, die das Blut Jesu Christi in ihrem Schoß trug, als sie mit seinem Kind schwanger war.

Das Buch behauptet, Jesus habe Maria Magdalena die Führung der Kirche zugedacht, aber »Petrus hatte damit ein Problem«, und so wurde sie zur Prostituierten erklärt und von der Führungsrolle ausgeschlossen. Anscheinend wollte die Kirche einen zölibatär lebenden männlichen Heiland, der die männliche Führungsrolle verewigen würde. So setzte sich Maria Magdalena nach der Kreuzigung ihres Gatten mit ihrem Kind ab und tauchte in Gallien wieder auf. Wenn diese Theorie der Wahrheit entspräche, dann könnten Nachfahren Jesu bis heute am Leben sein.

Robert und Sir Leigh erklären Sophie, dass die wirkliche Geschichte der Maria Magdalena in sorgfältig angelegten verborgenen Codes und Symbolen bewahrt worden sei, um nicht den Zorn der Katholischen Kirche hervorzurufen. Mit Hilfe dieser verborgenen Codes sei es der Bruderschaft von Sion möglich gewesen, ihre eigene Version des Zusammenlebens von Jesus und Maria Magdalena zu bewahren, ohne gleich die ganze Wahrheit zu erzählen.

Es wird uns gesagt, Leonardo Da Vinci habe all dies gewusst und sein berühmtes Abendmahlsgemälde dazu benutzt, mehrere Bedeutungsebenen zu tarnen. In diesem Bild sitzt Johannes zur Rechten Jesu. Aber Johannes' Züge sind weiblich. Das drückt aus, dass die Person zur Rechten Jesu überhaupt nicht Johannes ist, sondern vielmehr Maria Magdalena. Und Leonardo malte keinen Becher und keinen Kelch auf der Tafel – ein weiterer, eindrucksvoller Hinweis darauf, dass der wirkliche Gral Maria Magdalena ist, sitzend zur Rechten Jesu!

Während Robert, Sophie und Sir Leigh ihre Untersuchung fortführen, setzt die mächtige katholische Organisation Opus Dei alles daran, das Geheimnis unter Verschluss zu halten. Um dieses Ziel zu erreichen, scheint ihr jedes Mittel recht – bis hin zum Meuchelmord. Mit Kirchengeldern im Überfluss zur freien Verfügung ausgestattet, ist das Opus Dei ausersehen, die Führungsleute der Bruderschaft von Sion zu Folgendem zu zwingen: Sie sollen den Weg zu dem Ort offenbaren, wo der Gral zu finden ist. Sollten die Geheimnisse des Ordens offenbar werden, dann würde die Kirche als ein großer Schwindel bloßgestellt – gegründet auf Jahrhunderte des Betrugs.

Dan Browns wirkliche Absichten sind verschleiert. Tatsächlich ist dieses Buch ein direkter Angriff auf Jesus Christus, die Kirche und auf jene, die ihm nachfolgen und ihn Heiland und Herr nennen. Folgt man Dan Browns Roman, dann wurde das Christentum ausgedacht, um die Frauen zu unterdrücken und die Menschen von der »göttlichen Weiblichkeit« abzuziehen. Verständlicherweise wirkt das Buch besonders auf Feministen. Sie sehen die Rückkehr zur Göttinnenverehrung als Erfordernis zur Bekämpfung der männlichen Vorherrschaft.

Das Resultat dieser Theorie: Das Christentum gründet sich auf eine große Lüge oder vielmehr auf mehrere große Lügen. Zum einen sei Jesus nicht Gott gewesen, sondern seine Jünger schrieben ihm Göttlichkeit zu, um die männliche Vorherrschaft zu festigen und jene zu unterdrücken, die die göttliche Weiblichkeit anbeteten. Nach Dan Brown hatte sich Konstantin erst auf dem Konzil zu Nizäa die Idee der Gottheit Christi ausgedacht. Dabei erstickte er jede Opposition im Keim, indem er alle, die der Idee nicht zustimmten, zu Ketzern erklärte. Darüber hinaus habe Konstantin bei dieser Gelegenheit Matthäus, Markus, Lukas und Johannes als einzige wahre Evangelien festgelegt, weil sie seine Absichten im Hinblick auf die männliche Vorherrschaft stützten. Achtzig weitere im Umlauf befindliche Evangelien seien verworfen worden, weil sie lehrten, Jesus habe Maria Magdalena zum wirklichen Führer der Kirche bestimmt. »Es ging ausschließlich um die Macht«, heißt es.

Es ist unglaublich: Wir erfahren, die Israeliten hätten im Alten Testament sowohl den männlichen Gott Jahwe als auch sein weibliches Gegenstück, die *Schechina*, verehrt. Jahrhunderte später habe die offizielle Kirche – die sexfeindliche, frauenfeindliche Kirche – diese Verehrung der Göttin unterdrückt und die weibliche Göttlichkeit verbannt.

Diese Vorstellung der göttlichen Weiblichkeit, die von der Kirche unterdrückt wird, ist in Wirklichkeit die heidnische Vorstellung, dass Männer und Frauen in sexuellen Ritualen Gott erfahren. »Die körperliche Vereinigung war das einzige Mittel, durch das der Mann geistlich heil werden und *gnosis* erlangen konnte – Wissen vom Göttlichen.«[2] Aber dieser Gebrauch sexueller Aktivitäten zur unmittelbaren Kommunikation mit Gott stellt für die Katholische Kirche eine Bedrohung dar, denn es untergräbt ihre Macht. »Aus nahe liegenden Gründen hat die Kirche das Geschlechtliche nachhaltig dämonisiert und den Geschlechtsakt als ekelhaft und sündig definiert. Andere Weltreligionen sind ganz ähnlich vorgegangen.«[3]

Teabing klagt: »Nahezu alles, was unsere Väter uns über Christus gelehrt haben, ist *falsch*.« Das Neue Testament sei nur das Ergebnis einer männerdominierten Führung, die das Christentum eingeführt hat, um das Römische Reich zu beherrschen und die Frauen zu unterdrücken. Der wirkliche Jesus war danach der erste Feminist, doch seine Wünsche wurden ignoriert, um den männlichen Herrschaftsabsichten Vorschub zu leisten.

Wäre *Sakrileg* einfach nur ein Roman, es wäre ein

höchst interessanter Lesestoff für Freunde von Verschwörungs-Theorien, die temporeiche Thriller mögen. Was das Buch problematisch macht, ist sein Anspruch, es gründe sich auf Tatsachen. Im Klappentext lesen wir, dass die Bruderschaft von Sion ebenso existiere wie das Opus Dei, eine übereifrige katholische Organisation, die aufgrund von Berichten über Gehirnwäsche, Nötigung und »körperlicher Demütigung« sehr umstritten ist. Schließlich wird behauptet: »Sämtliche in diesem Roman erwähnten Werke der Kunst und Architektur und alle Dokumente sind wirklichkeits- bwz. wahrheitsgetreu wiedergegeben.«

Auf seiner Internetseite macht Dan Brown weitere Aussagen über die historische Zuverlässigkeit des Werkes. Einige Rezensenten haben das Buch für seine »tadellose Recherche« gelobt. Eine Frau, der man erklärte, der Roman sei Unfug, erwiderte: »Wenn er nicht wahr wäre, hätte er nicht veröffentlicht werden können!« Ein Mann sagte, er werde nun, da er das Buch gelesen habe, nie wieder in der Lage sein, eine Kirche zu betreten.

Die Leser dieses Buches sollten wissen, dass die Grundidee bereits seit Jahrhunderten vorliegt und in der esoterischen Literatur und in New-Age-Schriften nachgelesen werden kann, etwa in »*Heiliges Blut, Heiliger Gral*« von Michael Baigent (1983), der in dem Roman erwähnt wird. Der Unterschied besteht darin, dass Brown diese Legenden in eine nur scheinbar historische Geschichte einbindet, die von Millionen Menschen gelesen wird. Aber viele Leser des Buches fragen sich, ob nicht alle oder wenigstens einige seiner Behauptungen wahr sind.

Als ABC[4] eine Dokumentation über das Buch *Sakrileg* sendete, da schenkten sie der Geschichte Glauben und ignorierten zum größten Teil jede ernst zu nehmende Wissenschaft zugunsten von Sensationslust und unbegründeter, fragwürdiger Spekulation. Die Sendung endete mit der Feststellung: »Wir haben keinen Beweis.« Dennoch war klar, dass man dem Buch einen gewissen Grad von Seriosität zuschrieb mit der Konsequenz, dass Dan Brown mit oder ohne Beweis vertrauenswürdig dasteht.

Kürzlich las ich das Buch *The Templar Revelation: Secret Guardians of the True Identity of Christ*[5] von Lynn Pickett und Clive Prince, das ähnliche Themen enthält wie *Sakrileg*, und angeblich auf Geschichtsforschung beruht. Die Autoren behaupten zu beweisen, dass Maria Magdalena die Frau war, die von Jesus Christus berufen wurde, die Kirche zu gründen. Es wird auch hier behauptet, das Neue Testament sei ein aufpolierter Bericht ritueller Themen einschließlich sexueller Rituale.

Wie hoch ist die Wahrscheinlichkeit, dass eine Verschwörung die wirkliche Geschichte von Jesus und Maria Magdalena verschleiert? Wenn es sich als wahr erweisen sollte, wäre die ganze christliche Theologie ein Komplott zur Hintergehung der Menschen. Wenn es wahr ist, dann wären alle Apostel ein Teil dieses Komplotts gewesen und hätten somit ihr Leben für etwas dahingegeben, von dem sie wussten, dass es eine Lüge ist. Und wenn das wahr ist, dann hat unser Glaube – der Glaube jener unter uns, die auf Christus vertrauen – keine Grundlage.

Die Enthüllung des Betrugs

Da *Sakrileg* behauptet, gewissermaßen historisch zuverlässig zu sein, ist es wichtig für uns zu fragen: Ist das Buch glaubhaft? Viele fragen sich, wo Brown die Grenzlinie zwischen Wahrheit und Fiktion überschreitet, die Grenzlinie zwischen den Tatsachen und reiner Phantasie. Ist es überhaupt möglich, dass wir eines Tages irgendwo entdecken werden, dass seine Version der Geschichte Glaubwürdigkeit besitzt?

Ich habe dieses Buch als Versuch geschrieben, diese und andere Fragen zu beantworten. Wir werden uns dazu mit Themen beschäftigen wie dem Konzil zu Nizäa, den gnostischen Evangelien, dem Kanon des Neuen Testaments und den Gemälden Leonardo Da Vincis. War Jesus nur ein begeisternder Führer, der eine religiöse Bewegung gründete? Waren die Gnostiker eine frühe Form des Christentums, die von der männerdominierten Schar der Apostel des Neuen Testaments enteignet wurden? Ich hoffe, dass Ihr Glaube im Lauf der Beantwortung dieser Fragen sowohl herausgefordert als auch gestärkt wird.

Ich habe nicht die Absicht, alle historischen Fehler in *Sakrileg* aufzulisten – das würde in der Tat eine sehr lange Liste werden. Zu diesen falschen Aussagen gehören etwa: »Jesus war eine historische Gestalt von unerhörter Wirkung ... (er) führte Millionen von Menschen zu einem neuen Aufbruch«, als er hier auf der Erde war, oder: »... in den drei Jahrhunderten der Hexenjagd hatte die Kirche die erschütternde Zahl von *fünf Millionen* Frauen auf den Scheiterhaufen gebracht.«[6] Diese und andere Falschaussagen sind nicht wirklich bedeutsam für den grundlegenden Angriff des Buches auf den christlichen Glauben. Ich werde mich stattdessen auf die skurrilen Behauptungen konzentrieren, die hier gegen Jesus und die Bibel erhoben werden.

Hier sind einige der Schlüsselfragen, die wir versuchen werden zu beantworten:

- Hat Konstantin die Gottheit Jesu erfunden? Und hat das Konzil zu Nizäa, das er einberief, entschieden, welche Bücher zum Neuen Testament gehören sollten?
- Sind die gnostischen Evangelien verlässliche Führer durch die neutestamentliche Geschichte?
- Wer bestimmte, welche Bücher das Neue Testament bilden sollten, und auf welcher Grundlage beruhte ihre Auswahl? Wann wurden diese Entscheidungen getroffen?
- Ist es glaubhaft, dass Maria Magdalena mit Jesus verheiratet war?
- War das Opus Dei mit der Zerschlagung der Bruderschaft von Sion beauftragt, um die Offenlegung von Geheimnissen über den wirklichen Jesus zu unterdrücken?
- Ist es wahr, dass der Gnostizismus (den wir später näher erläutern werden) ein lebendiges »alternatives Christentum« darstellt, das den wahren christlichen Glauben repräsentieren könnte?
- Wenn wir uns über Gott einig sind – müssen wir uns auch über Jesus einig sein?

Folgen Sie mir auf eine Reise, die uns in die fesselnde Geschichte der Ursprünge des Christentums führen wird. Eine Reise, die uns mit den historischen Ereignissen vertraut machen wird, die die christliche Kirche begründen.

Ob Sie nun das Buch *Sakrileg* gelesen haben oder nicht, ich meine doch, dass Sie von der christlichen Reaktion auf die Angriffe gegen den historischen Jesus profitieren werden.

KAPITEL 1

Der ‚Da Vinci Code'

Die Christenheit, ein Politiker und ein Glaubensbekenntnis

Es gibt gute Gründe zur Skepsis, wenn sich ein Politiker die Religion zu eigen macht – besonders dann, wenn ihm die Religion dabei behilflich ist, seine politischen Ambitionen zu verwirklichen.

Erinnern wir uns an Kaiser Konstantin, von dem in *Sakrileg* gesagt wird, er habe die Göttlichkeit Christi erfunden, um seine Macht zu festigen. Darüber hinaus sagt man uns, er habe auch jene Bücher aus dem Neuen Testament verbannt, die nicht in sein politisches Schema passten.

In *Sakrileg* behauptet Brown, mit der Erklärung der Gottheit Christi habe Konstantin seine Herrschaft gefestigt und das Recht begründet, jene zu Ketzern zu erklären, die nicht mit ihm darin übereinstimmten. Der Kaiser habe Anno Domini 325 das Konzil nach

Nizäa einberufen, um diese neue Lehre festzuschreiben, die ihm die dringend benötigte Durchsetzungskraft verleihen konnte. Der Gralsschwärmer Sir Leigh Teabing erklärt Sophie, dass die Delegierten auf dem Konzil der Gottheit Jesu zustimmten. Dann fügt er hinzu: »Bis zu diesem Punkt der Geschichte wurde Jesus von seinen Jüngern als sterblicher Prophet betrachtet ... ein großer, mächtiger Mann, aber nichtsdestoweniger ein Mensch. Ein Sterblicher.«

So sei »Jesus erst vier Jahrhunderte nach der Kreuzigung zum Gottessohn erhoben« worden – Konstantin tat es aus politischen Gründen.[1] Damit habe er die männliche Vorherrschaft und die Unterdrückung der Frauen gesichert. Indem er den Zwang ausübte, seiner Sichtweise zuzustimmen, demonstrierte der Kaiser seine Macht und hatte die Freiheit, alle zu töten, die sich ihm entgegenstellten.

Die zweite Unterstellung im Roman ist, Konstantin habe Evangelien verworfen, die die göttliche Weiblichkeit hätten stützen können. Um noch einmal Teabing zu zitieren: »Es gab mehr als achtzig Evangelien, die für das Neue Testament zur Auswahl standen, dennoch kamen nur vier zum Zuge – die Evangelien des Matthäus, Markus, Lukas und Johannes ... Das Neue Testament, wie wir es heute kennen, geht auf den heidnischen römischen Kaiser Konstantin den Großen zurück.«[2]

Mit anderen Worten: Konstantin erkannte eine gute Möglichkeit und nutzte sie. Daher berief er das Konzil ein, um die Macht der Männer zu sichern und jene kanonischen Dokumente zu bestätigen, die für seine politische Linie günstig waren. Im Roman sagt Langdon: Der Orden »ist überzeugt, dass Kaiser Konstantin und seine männlichen Nachfolger den Übergang der Welt vom matriarchalischen Mutterkult zum patriarchalischen Christentum mit einem Propagandafeldzug ohnegleichen durchgedrückt haben, der das göttlich Weibliche dämonisiert und die Göttinnen für immer aus der modernen Religionsausübung verdrängt hat.«[3] Damit war der Lauf der Kirchengeschichte nach dem Willen Konstantins festgelegt. Es wird uns als Fazit mit auf den Weg gegeben: »Vergiss nicht, es ging nur um die Macht.«

Fangen wir an, diese Behauptungen zu untersuchen. In diesem Kapitel werden wir Wirklichkeit von Fiktion trennen. Wir werden in die antiken Berichte hineinschauen und genau ermitteln, was Konstantin tat und was nicht.

Die Kirchenhistoriker stimmen darin überein, dass nach den im Neuen Testament geschilderten Ereignissen die Bekehrung Kaiser Konstantins zum Christentum im Jahr 312 das bedeutungsvollste Ereignis in der Geschichte der Christenheit ist. In der gebotenen Kürze: Konstantins Truppen stellten sich an der Milvischen Brücke vor den Toren Roms auf, wo sie sich darauf vorbereiteten, den römischen Kaiser Maxentius zu stürzen. Ein Sieg würde Konstantin praktisch zum Alleinherrscher des Reiches machen. Aber in der Nacht vor der Schlacht hatte Konstantin eine Vision, die sein Leben veränderte und damit den Lauf der Kirchengeschichte.

Nach den Worten des Eusebius von Cäsaräa, der sowohl Historiker als auch ein Vertrauter Konstantins war, betete der Kaiser zu einem heidnischen Gott, als »er mit eigenen Augen im Licht des Himmels über der Sonne das Zeichen eines Kreuzes sah, und darunter eine Inschrift: *In diesem Zeichen sollst du siegen* ... Später, im Schlaf, erschien ihm der Christus Gottes mit dem Zeichen, das er am Himmel gesehen hatte. Er befahl ihm, ein Abbild des Zeichens zu machen, das er am Himmel gesehen hatte, und es in allen Gefechten mit seinen Feinden als Schutz zu benutzen.«[4]

Kurz gesagt, Konstantin überquerte die Brücke und gewann die Schlacht, in der er unter dem Banner des christlichen Kreuzes kämpfte. Später erließ er das Edikt von Mailand, in dem er bestimmte, dass Christen nicht mehr verfolgt werden durften. Und nun ergriff er, obwohl Politiker, die Führung in den Lehrauseinandersetzungen, die die Einheit seines Reiches zu spalten drohten.

Gehen wir zurück nach Nizäa (dem heutigen Iznik in der Türkei, etwa 200 Kilometer vom heutigen Istanbul entfernt), um herauszufinden, was dort vor 1700 Jahren geschah.

Willkommen auf dem Konzil

Wir leben heute in einem Land, in dem Religion weitestgehend Privatsache ist und in dem unterschiedliche Ansichten gern toleriert werden. Wer in so einem Land aufwuchs und erzogen wurde, kann nur schwer glauben, dass Streit über religiöse Lehren im frühen vierten Jahrhundert Konstantins Kaiserreich zerreißen konnte. Es heißt, wenn man auf dem Markt in Konstantinopel einen Laib Brot kaufen wollte, dann wurde man nach seinem Glauben gefragt – ob der Sohn Gottes gezeugt oder ob er nicht gezeugt worden sei. Und wenn man sich nach der Qualität des Brotes erkundigte, dann konnte man erfahren, dass der Vater größer und dass der Sohn geringer sei.

Es war ein Mann mit Namen Arius, der Öl in dieses Feuer goss. Er sammelte eine große Anhängerschar um sich, und er lehrte, Jesus sei nicht völlig Gott gewesen, sondern eine Art erschaffener Gott. Er glaubte, Christus sei mehr als ein Mensch gewesen, aber geringer als Gott. Arius war ein großartiger Redner, und da er seine Lehren durch Musik unterstützte, wurden seine Ideen weithin bekannt und aufgenommen. Obwohl ihn viele Bischöfe als Ketzer brandmarkten, ging die Auseinandersetzung unvermindert weiter. Konstantin berief das erste ökumenische Konzil nach Nizäa in der Hoffnung, die Abweichler zum Schweigen zu bringen und das Christentum zu vereinheitlichen. Der Kaiser bezahlte sogar die Spesen der Bischöfe, die sich in Nizäa versammelten.

Konstantin kümmerte sich nicht um die theologischen Einzelheiten und Spitzfindigkeiten. Jedes Bekenntnis hätte ihn zufriedengestellt – solange es seine Untertanen einte. Wie ein Historiker einmal gesagt hat: »Das Christentum wurde beides – ein Weg zu Gott und ein Weg zur Einigung des Reiches.«[5] Konstantin selbst hielt die Eröffnungsrede und machte den Delegierten deutlich, dass die Uneinigkeit in Lehrfragen schlimmer sei als Krieg.

Die Einmischung eines Politikers in die Lehren und Verfahrensweisen der Kirche wurde von einigen Delegierten übelgenommen, andere begrüßten sie. Für jene, die eine Periode bitterster Verfolgung durchlebt hatten, war diese Konferenz unter dem Reichsbanner der Himmel auf Erden.

Die große Debatte

Mehr als dreihundert Bischöfe kamen in Nizäa zusammen, um Meinungsverschiedenheiten in der Christologie zu bereinigen – Streitigkeiten bezüglich der Lehre über Christus. Die Diskussion begann, nachdem Konstantin seine Eröffnungsrede beendet hatte.

Mit überwältigender Mehrheit erklärte das Konzil zuerst Arius zum Ketzer. Es wurde ihm jedoch die Möglichkeit gegeben, seine Ansichten zu verteidigen. Die Delegierten erkannten: Wenn Christus nicht völlig Gott war, dann war er nicht der Erlöser der Menschheit. Wenn man sagte, Christus sei erschaffen worden, bedeutete das, die klare Lehre der Heiligen Schrift zu leugnen: *»Denn in ihm ist alles in den Himmeln und auf der Erde geschaffen worden, das Sichtbare und das Unsichtbare, es seien Throne oder Herrschaften oder Gewalten oder Mächte: alles ist durch ihn und für ihn geschaffen«* (Kol 1,16). Ganz klar: Wenn er *alle* Dinge erschaffen hatte, konnte er mit allergrößter Sicherheit nicht selbst erschaffen worden sein! Zum Beweis dafür wurden weitere Belegstellen aus den Evangelien und den Briefen herangezogen (Joh 1,1; Röm 9,5; Hebr 1,8 und andere).

Die Gottheit Jesu bejahend, richteten die Delegierten ihre Aufmerksamkeit nun auf die Frage, in welcher Beziehung er zum Vater steht. Der Historiker Eusebius stellte seine Sicht der Dinge vor, indem er behauptete, das Wesen Jesu sei dem Gottes des Vaters ähnlich. Griechisch heißt wesensähnlich *homoiousios*.

Anwesend, aber nicht zu den Beratungen geladen, war der Theologe Athanasius. Er glaubte, allein zu sagen, Christus sei Gott *ähnlich*, bedeute, die ganze biblische Lehre über die Gottheit Christi zu verwerfen. Sein Argument, dass Christus nur im vollen Sinne Gott sein könne, wenn er *gleichen* Wesens mit dem Vater sei, wurde von seinem Interessenvertreter Marcellus vorgetragen, der als Bischof aus Kleinasien an den Beratungen teilnahm. Konstantin sah, dass sich die Debatte zugunsten von Athanasius entwickelte. Er machte sich den Vorschlag des gelehrten Bischofs zu eigen und empfahl den Delegierten, sich des griechischen Wortes *homoousios* zu bedienen, das »ein und derselbe« oder »wesensgleich« bedeutet. Mit anderen Worten: Jesus hatte *dasselbe* Wesen wie der Vater.

Das Konzil stimmte dem zu, und heute haben wir das berühmte nizäische Glaubensbekenntnis. Wie jeder weiß, der einmal das Glaubensbekenntnis gesprochen hat, heißt es dort von Jesus Christus, er sei »Licht von Licht; wahrer Gott vom wahren Gott; gezeugt, nicht geschaffen; *eines Wesens* mit dem Vater, durch den alle Dinge geschaffen sind« (Hervorhebung vom Autor). Kein Zweifel, die Delegierten waren sich darüber einig, dass Christus in vollem Sinne Gott war.

Warum sollte uns diese Erörterung interessieren? Einige Kritiker haben sich darüber belustigt, dass das Konzil zu Nizäa gespalten gewesen sei – über ein »Jota«. Der einzige Unterschied zwischen den griechischen Wörtern für *ähnlich* (*homoiousios*) und *gleich* (*homoousios*) besteht nur in einem Buchstaben des Alphabets: in dem Buchstaben *i*. Manche sagen, diese Diskussion über Details sei einfach theologische Haarspalterei, die wenig mit der wirklichen Welt zu tun haben. Wie viel besser sei es doch, den Armen zu helfen oder sich mit der Tagespolitik zu beschäftigen!

William E. Hordern erzählt eine Geschichte, die klar zeigt, wie ein einziger Buchstabe oder ein Komma den Sinn einer Botschaft verändern kann. Zu der Zeit, als Botschaften noch über Telegrafen übermittelt wurden, gab es einen Code für jedes Satzzeichen. Eine amerikanische Frau, die Europa bereiste, fragte ihren Ehemann per Telegramm, ob sie ein wunderschönes Armband kaufen dürfe, das 75.000 Dollar kosten solle. Der Ehemann telegrafierte zurück: »No, price too high« (»Nein, Preis zu hoch«). Der Telegraphist vergaß bei der Übermittlung des Textes das Signal für das Komma einzusetzen. Die Gattin erhielt also die Botschaft: »No price too high« (»Kein Preis zu hoch«). Sie kaufte das Armband; der Ehemann verklagte die Telegrafengesellschaft und gewann den Prozess! Nach diesem Vorfall wurden beim Gebrauch des Morsecodes alle Satzzeichen buchstabiert ausgeschrieben. Ganz klar: Ein Komma oder ein »Jota« macht einen großen Unterschied, wenn man eine Botschaft übermittelt![6]

Wenn das Konzil zu Nizäa auch nur über die griechischen Wörter für *ähnlich* und *gleich* entzweit war, so war das für den dahinter stehenden Gegenstand unglaublich wichtig. Selbst wenn Christus das höchste und edelste Geschöpf von Gottes Schöpfung wäre, dann wäre Gott nur indirekt an der Erlösung des Menschen beteiligt. Athanasius, so berichtet ein Historiker, begriff: »Nur wenn Christus uneingeschränkt Gott ist, wurde Gott Mensch. Und nur dann wurde den Menschen unwiderruflich Gemeinschaft mit Gott, die Vergebung der Sünden, die Wahrheit Gottes und das ewige Leben geschenkt.«[7]

In *Sakrileg* lesen wir, die Lehre der Gottheit Christi sei mit einer »relativ knappen Mehrheit« angenommen worden. Das ist frei erfunden. Nur fünf von mehr als dreihundert Bischöfen (ihre Gesamtzahl wird allgemein mit 318 angenommen) widersprachen dem Glaubensbekenntnis. In der Tat verweigerten schließlich nur zwei ihre Unterschrift dazu. Das Ergebnis hing nicht gerade am seidenen Faden.

Das soll nicht heißen, dass das Konzil zu Nizäa den Diskussionen ein Ende gemacht hätte. Der Arianismus fand weiter seine Anhänger, und nachfolgende Kaiser machten sich die jeweilige Sichtweise zu eigen, die ihnen zu ihrer Zeit ins politische Konzept passte. Aber von diesem Zeitpunkt an vertrat die christliche Orthodoxie, dass Jesus »Gott vom wahren Gott« war.

Ob Konstantin ein aufrichtig zu Christus Bekehrter war, ist Gegenstand der Diskussion. Wir wissen, dass er vor seiner »Bekehrung« ein Anbeter des Sonnengottes war, und es scheint so, dass er diese Verehrung für den Rest seines Lebens beibehielt. Ihm wird auch zugerechnet, die christliche Gottesverehrung vereinheitlicht zu haben, indem er den Sonntag zum offiziellen Tag des Gottesdienstes bestimmte. Zweifellos benutzte er das Christentum zur Förderung seiner eigenen politischen Ziele.

Aber – erfand er die Gottheit Jesu? Glaubte man vor dem Konzil, Christus sei nur ein bemerkenswerter Mensch? Es gibt auch nicht den Anschein eines historischen Beweises für solch eine Vorstellung. Die Gottheit Christi war nicht nur die übereinstimmende Überzeugung dieser Delegierten. Es kann sogar leicht gezeigt werden, dass die Kirche diese Lehre bereits lange vertrat – schon Jahrhunderte –, *bevor* das Konzil zusammenkam.

Im Gegensatz zu Teabings Behauptung in *Sakrileg* glaubten viele schon vor dem Konzil, das 325 zusammentrat, dass Christus mehr war als ein »sterblicher Prophet«. Nehmen wir uns einen Augenblick Zeit, um die Schriften der Kirchenväter zu lesen, jener Männer, die die Apostel kannten und von ihnen unterrichtet wurden. Dann können wir Schriften von Kirchenführern der zweiten und der dritten Generation untersuchen, die alle auf ihre eigene Weise die Gottheit Christi bekräftigen.

Die Kirchenväter

Ich möchte Sie mit jemandem bekannt machen, der sich danach sehnte, für Jesus zu sterben. Das war die Haltung von Ignatius, dem Bischof von Antiochia in

Syrien. Im Jahr 110 schrieb er eine Reihe von Briefen an verschiedene Gemeinden, während er sich auf dem Weg zum Märtyrertod nach Rom befand. Das Kernstück seiner Lehre war seine Überzeugung, dass Christus Gott war – Gott, ins Fleisch gekommen. »Es gibt nur einen Gott, der sich durch Jesus Christus offenbart, seinen Sohn.«[8] Eine andere Quelle legt weiter dar: Ignatius spricht von Jesus als »Sohn Marias und Sohn Gottes ... Jesus Christus unser Herr«; er nennt Jesus »Gott, ins Fleisch gekommen.« In der Tat verweist er auf ihn als »Christus Gott«.[9] Vergessen wir nicht, er schrieb dies volle zweihundert Jahre *vor* dem Konzil zu Nizäa!

Hier einige weitere Beispiele:

- Polycarp von Smyrna, ein Schüler des Apostels Johannes, sandte in der Zeit zwischen den Jahren 112 und 118 einen Brief an die Gemeinde in Philippi. Darin zeigt er sich überzeugt, dass die Briefempfänger die Gottheit Jesu anerkennen, seine Erhebung in den Himmel und seine darauffolgende Verherrlichung. Polycarp starb um 160 den Märtyrertod und bezeugte seinen Glauben im Angesicht seiner Henker.[10]
- Justin der Märtyrer wurde in Palästina geboren und war beeindruckt von der Fähigkeit der Christen, dem Tod heldenhaft ins Auge zu sehen. Als er das Evangelium hörte, bekehrte er sich zu Christus und wurde ein Verteidiger des Glaubens, den er liebte. Er sagte, Christus war »der Sohn und der Apostel Gottes des Vaters und Herr über alles.«[11] Er wurde um 100 geboren und starb 165 den Märtyrertod.

- Irenäus wurde 177 Bischof von Lyon. Er verbrachte einen großen Teil seines Lebens damit, die Häresie des Gnostizismus zu bekämpfen, den wir im nächsten Kapitel untersuchen werden. Über Schriftstellen wie Johannes 1,1 schrieb er: »Alle Unterschiede zwischen dem Vater und dem Sohn zerrinnen spurlos, denn der eine Gott machte alle Dinge durch sein Wort.«[12]

Hier könnten noch weitere Kirchenlehrer angeführt werden wie Tertullian (150-212), der hundert Jahre vor Konstantin die völlige Göttlichkeit und völlige Menschlichkeit Christi vertrat. Dutzende anderer Schriften aus den frühen Jahrhunderten des Christentums beweisen, dass die frühe Kirche die Gottheit Jesu anerkannte. Ihre Überzeugungen wurzelten in den Schriften des Neuen Testaments, die wir bereits als maßgebend für die Kirche anerkannt haben. In den zweieinhalb Jahrhunderten *vor* Nizäa war die nahezu universelle Überzeugung der Kirche, dass Jesus göttlich war, gerade so, wie es die Heilige Schrift lehrt.

Das Zeugnis der Märtyrer

Wir finden weitere Beweise dafür, dass die Gottheit Christi nicht Konstantins Idee war, wenn wir uns an die römischen Christenverfolgungen erinnern. Wenn wir im zweiten oder dritten Jahrhundert zu einer kleinen Gemeinde in Rom gehört hätten, dann könnten wir eine Verlautbarung wie diese gehört haben: »Der

Kaiser [Cäsar Augustus] hat einen neuen Befehl erlassen. Er befiehlt allen Untertanen Roms, der religiöspolitischen Zeremonie beizuwohnen, die den Zweck hat, die Nation zu einigen und den nachlassenden Patriotismus im Reich zu beleben.« Die Römer glaubten, wenn jemand einen Gott über dem Kaiser habe, dann könne man ihm in einer Zeit nationaler Krise – einem Krieg zum Beispiel – nicht trauen. Allen guten Bürgern wurde befohlen, »den Geist Roms und die Schöpferkraft des Kaisers zu verehren«, so stand es in dem Erlass. Im Besonderen gehörte zu dieser Zeremonie das Verbrennen von Weihrauch und bedeutete einfach: »Der Kaiser ist Gott.«

Manchmal zielte die Verfolgung direkt auf jene, die Jesus verehrten. Meistens aber kümmerte sich der Kaiser nicht darum, welchen Gott jemand anbetete. Wenn man das jährlich geforderte Bekenntnis ablegte, der Kaiser sei Gott, hatte man die Freiheit, anzubeten oder zu verehren, wen oder was immer man auch wünschte – einschließlich Jesus. Die Glieder der christlichen Gemeinden – und es gab viele davon – hatten eine schwere Wahl zu treffen: Entweder fügten sie sich als Bürger, oder sie sahen sich grausamer Vergeltung gegenüber. Viele Christen hatten zusehen müssen, wie Verwandte und Freunde wilden Tieren vorgeworfen oder von Gladiatoren getötet wurden, weil sie sich geweigert hatten, die göttliche Herrschaft des Kaisers zu bekennen.

Wenn man Jesus als eine Möglichkeit unter vielen betrachtet hätte, dann hätten die Christen ja auch anderen Ausdrucksformen des Göttlichen Gefolgschaft schwören können. Warum also nicht eine gemeinsame Basis in der zentralen Einheit aller Religionen finden? Das hätte nicht nur die Harmonie gefördert, sondern auch das allgemeine Gedeihen des Staates. So war die Wahl genau genommen nicht, ob die Christen nun Christus *oder* den Kaiser vergöttern sollten, sondern ob sie Christus *und* den Kaiser verehren wollten.

Wenn Sie jemals die Möglichkeit haben, Rom zu besuchen, dann versäumen Sie nicht den Besuch des im Jahr 126 errichteten Pantheons, eines der ältesten und schönsten Gebäude, die bis heute erhalten geblieben sind. Es ist ein Meisterwerk architektonischer Vollkommenheit mit einer großen halbkugelförmigen Kuppel. Das war der römische »Tempel der Götter«, der Ort, wo all die verschiedenen Götter des antiken Rom zu Hause waren. Gefüllt mit Statuen und religiösen Gegenständen, waren hier Roms vielfältigen Kulte angesiedelt.

Interessanterweise sahen die Heiden keinen Konflikt zwischen der Kaiserverehrung und der Verehrung ihrer eigenen Götter. Das antike wie das moderne Heidentum ist immer tolerant gegenüber anderen endlichen Göttern gewesen. Wenn allerdings mein Gott nicht die höchste Gottheit ist, dann habe ich in der Tat kaum eine Wahl, als auch anderen Göttern Raum zu geben und die Großartigkeit der Vielfalt zu feiern.

Aber die Christen verstanden eines ganz klar: Wenn Christus wirklich Gott war, »Gott vom wahren Gott« – und sie glaubten, dass er es war –, dann konnten sie nicht ihn und noch andere anbeten. So beugten sich einige von ihnen vor dem Kaiser, um ihr Leben und ihre Familien zu retten. Aber viele Tausende von ihnen waren bereit, der politischen Obrigkeit zu trotzen und für ihre Haltung teuer zu bezahlen.

Nach einer Zeit schlimmster Verfolgung all jener, die die Gottheit Jesu anerkannt hatten, geschah das Unerwartete. Der Kaiser beschloss, dass die Verfolgung der Christen aufhören müsse. Um seine Absichten zu bekräftigen, gab er den Auftrag, im Pantheon ein Standbild Jesu aufzustellen – als Ausdruck seines guten Willens und zum Beweis dafür, dass Jesus von nun an wie die anderen dort als Gott legitimiert war. Aber die Christen sagten quasi dazu: »Danke, wir verzichten.« Ihnen war klar, dass die Gottheit Jesu bedeutete, dass er nicht mit den heidnischen Göttern auf eine Stufe gestellt werden durfte.

Der Punkt bei alledem ist einfach der, dass diese frühen Christen bereits Jahrhunderte vor Konstantin unter Beweis gestellt haben, dass sie an die Gottheit Jesu glaubten. Und sie bezahlten für das Bekenntnis dieses Glaubens mit Vergeltungsmaßnahmen, Bedrückungen und oft sogar mit dem Leben. Die Behauptung des Buches *Sakrileg,* dass Konstantin »den Status Jesu« vom Menschen zum Gott »befördert« habe, ist pure Erfindung.

Kein Wunder – das Kennzeichen eines Irrlehrers in neutestamentlicher Zeit war, dass er die Fleischwerdung Gottes leugnete. *»Jeder Geist, der Jesus Christus, im Fleisch gekommen, bekennt, ist aus Gott; und jeder Geist, der nicht Jesus bekennt, ist nicht aus Gott«* (1Jo 4,2-3). Die Überzeugung, dass Gott in Christus Mensch wurde, war das Herzstück des frühchristlichen Glaubens.

Das Konzil zu Nizäa und der Kanon des Neuen Testaments

In dem Buch *Sakrileg* wird – wie in vielen okkulten Schriften – behauptet, dass Konstantin und die Delegierten des Konzils beschlossen, Bücher aus dem Neuen Testament zu tilgen, die ihrer Theologie der Männerherrschaft und der sexuellen Unterdrückung im Wege standen. Wir haben bereits die Aussage von Sir Leigh Teabing zitiert, dass mehr als achtzig Evangelien für das Neue Testament vorgesehen gewesen seien und dass Konstantin die Bibel, wie wir sie heute kennen, zusammengestellt habe.

Ich las ähnliches in *The Templar Revelation*, einem Buch, das sich nahtlos an *Sakrileg* anschließt und den geschilderten Ereignissen angeblich historische Glaubwürdigkeit verleiht. Der Autor behauptet: »Unserer Ansicht nach wollte die katholische Kirche um jeden Preis verhindern, dass ihre Mitglieder jemals etwas über die wirkliche Beziehung zwischen Jesus und Maria Magdalena erfuhren. Das ist auch der Grund dafür, dass die gnostischen Evangelien nicht in das Neue Testament aufgenommen wurden, weshalb die meisten Christen überhaupt nichts von ihrer Existenz wissen. Als das Konzil zu Nizäa die vielen gnostischen Evangelien verwarf und bestimmte, dass nur Matthäus, Markus, Lukas und Johannes aufgenommen werden, hatte es kein göttliches Mandat für diesen willkürlichen Zensurakt. Dieses Handeln war ein Akt der Selbsterhaltung, denn zu jener Zeit – im vierten Jahrhundert – war der Einfluss der Maria Magdalena und ihrer Anhänger bereits zu weit verbreitet, als dass das Patriarchat es damit hätte aufnehmen können.«[13]

Wir werden uns später in diesem Buch näher mit den Dingen befassen, die die Zusammenstellung des Kanons und das Leben von Maria Magdalena betreffen. Für den Augenblick bitte ich, Folgendes zu bedenken: Historische Forschungsarbeiten über Nizäa liefern keinerlei Beweis dafür, dass Konstantin und die Delegierten des Konzils die gnostischen Evangelien oder irgendetwas sonst, was den Kanon betraf, überhaupt diskutiert hätten. So sehr ich mich auch bemüht habe, in allen Dokumenten über Nizäa habe ich auch nicht die Spur eines Beleges dafür gefunden, dass darüber diskutiert worden wäre, welche Bücher zum Neuen Testament gehören sollten und welche nicht. Praktisch alles, was wir über die Geschehnisse auf dem Konzil wissen, kommt von dem Historiker Eusebius. Weder er noch irgendjemand sonst liefert einen Hinweis darauf, dass solche Angelegenheiten zur Sprache gekommen wären. Zwanzig Entscheidungen wurden in Nizäa getroffen, und ihre Inhalte liegen uns bis heute vor. Nicht eine dieser Entscheidungen bezieht sich auf Angelegenheiten des Kanons.

Ich bin dankbar dafür, dass es mir möglich war, die Quelle der Irrtümer aufzuspüren. Baron D'Holbach schreibt in *Ecce Homo*: »Die Frage authentischer und unechter Evangelien wurde beim ersten nizäischen Konzil nicht diskutiert. Diese Geschichte ist erfunden.«[14] D'Holbach konnte die Geschichte bis zu Voltaire zurückverfolgen, aber weitere Untersuchungen offenbaren, dass dieses Gerücht eine noch frühere Quelle hat.

Ein um 887 abgefasstes anonymes Dokument mit dem Titel *Vetus Synodicon* (*Sammlung der früheren Zusammenkünfte*) widmet jedem ökumenischen Konzil, das bis zu diesem Zeitpunkt abgehalten wurde, ein Kapitel. Der Verfasser fügt allerdings Details hinzu, die sich in den Schriften anderer Historiker nicht finden. So schreibt er in seinem Bericht über Nizäa, das Konzil habe sich mit Angelegenheiten der Gottheit Jesu, der Trinität und des Kanons befasst. Er schreibt: »Es unterschied kanonische und apokryphe Bücher auf folgende Weise: Die Bücher wurden im Haus Gottes bei dem heiligen Altar niedergelegt. Dann bat das Konzil den Herrn im Gebet, dass man die inspirierten Werke obenauf finden möge und – als es wirklich geschah ...«[15] Das ist ganz offensichtlich Material für eine Legende. Kein einziges Originaldokument hinsichtlich des nizäischen Konzils gibt Hinweise darauf, dass etwas derartiges geschehen ist.

Aber selbst wenn die Geschichte wahr wäre, würde das immer noch nicht die Behauptung belegen, das Konzil habe gewisse Bücher aus dem Neuen Testament aussortiert, weil sie den Feminismus gefördert oder die Behauptung belegt hätten, Maria Magdalena sei mit Jesus verheiratet gewesen. Diese Themen wurden einfach nicht debattiert.

Da wir gerade von Legenden sprechen – eine andere behauptet Folgendes: Als die beiden Bischöfe gestorben waren, die das Bekenntnis von Nizäa nicht unterzeichnet hatten, wollten die Kirchenväter die wunderwirksame Zahl 318 (anscheinend die Zahl der in Nizäa anwesenden Delegierten) nicht verändern. Sie legten ihnen das nicht unterschriebene Glaubensbekenntnis über Nacht ins Grab, »worauf ihre Unterschriften auch auf wunderbare Weise hinzugefügt wurden.«[16] Im Mittelalter florierte derartiger Aberglaube.

Später werden wir erfahren, dass Konstantin darum bat, dass für die Gemeinden in Konstantinopel fünfzig Bibelabschriften angefertigt würden. Aber die Behauptung in *Sakrileg*, dass Konstantin die Heilige Schrift verfälscht oder gewisse Bücher ausgeschlossen habe, ist Schwindel. Das ist ein Beispiel dafür, wie oft Legenden auf eine Weise mit Fakten verwechselt werden, dass die Legende an die Stelle der Fakten tritt. Wenn Geschichte ohne Nennung der Quellen präsentiert wird, dann kann alles behauptet werden, was sich jemand vorstellen kann.

Die Geschichte wiederholt sich

Wir haben gesehen, dass die römische Obrigkeit vor der Ausschließlichkeit des Christentums zurückschreckte, vor dem Gedanken, dass Christus der einzige Weg zu Gott sei. Die Römer sträubten sich gegen die Vorstellung, dass Christus über den anderen Göttern stand – in Wirklichkeit nahm er für sich in Anspruch, dass überhaupt keine anderen Götter existieren. Es war für sie sowohl politisch als auch religiös unannehmbar, wenn Christen darauf insistierten, dass es nur einen wahren Erlöser gab, der bereit gewesen war, zur Errettung der Menschen auf die Erde zu kommen. Die Römer waren tolerant gegen jeden, ausgenommen die, die sich selbst intolerant zeigten.

Im nächsten Kapitel werden wir sehen, dass in der Antike ein weiterer heftiger Angriff auf den christlichen

Glauben nicht von der politischen Obrigkeit, sondern von religiösen Fanatikern geführt wurde, die versuchten, Widersprüche in die Lehren des Christentums einzuführen. Obwohl der Gnostizismus keine politische, sondern eine religiöse Bewegung war, wurde er von derselben Motivation angetrieben wie die römische Obrigkeit – sie konnte den von Jesus Christus erhobenen Ausschließlichkeitsanspruch nicht tolerieren. Gnostiker gebrauchten den christlichen Glauben so, wie es in ihr Konzept passte, und nicht so, wie die frühe Kirche ihn lehrte. Das Christentum war ihnen zu eng.

Wenn wir den Gnostizismus untersuchen, werden wir sehen, dass er frappierende Ähnlichkeiten zu modernen spirituellen Strömungen aufweist. Der Gnostizismus lädt seine Anhänger ein, ihre Loyalität zwischen Jesus und geringeren, konkurrierenden »Gottheiten« aufzuteilen. Es wird dort behauptet, unser wirkliches Bedürfnis sei nicht Erlösung, sondern Selbsterleuchtung. Jesus, so sagen die Gnostiker, könne uns helfen, aber er sei nicht notwendig für unser Heil.

Der Gnostizismus verwirft die Beschlüsse von Nizäa. Wie die Anhänger des modernen New Age glaubten die Gnostiker, dass jeder Mensch Gott auf seine eigene Weise begegnen könne. Da verwundert es kaum, dass Paulus schrieb: *»Es wird eine Zeit sein, da sie die gesunde Lehre nicht ertragen, sondern nach ihren eigenen Lüsten sich selbst Lehrer aufhäufen werden, weil es ihnen in den Ohren kitzelt«* (2Tim 4,3).

Begleiten Sie mich jetzt, wenn wir die gnostischen Dokumente untersuchen.

KAPITEL 2

Der ‚Da Vinci Code'

Die andere Bibel

Wussten Sie eigentlich, dass es in vielen Buchhandlungen noch eine andere Bibel zu kaufen gibt? Ich meine nicht etwa eine neue Bibelübersetzung, sondern eine gänzlich andere – eine Bibel mit etwa fünfzig Büchern. Einige dieser Bücher tragen Titel wie *Das Evangelium des Thomas*, *Das Evangelium des Philippus*, *Das Evangelium der Maria* oder *Das Evangelium der Wahrheit*.

Willkommen bei der *Gnostischen Bibel*[1], die aufgeschlagen vor mir liegt, während ich dieses Kapitel schreibe. Manche mögen diese alternative Bibel mehr als die uns bekannte. Sie mögen das, was sie über Gott lehrt, über Christus, über die Menschheit und über Frauen. Diese Bibel erlaubt es uns, Gott zu dem zu machen, wie wir ihn uns gerne vorstellen wollen. Sie bejaht die göttliche Weiblichkeit und persönliche esoterische Erkenntnis. Am Ende sind wir frei von einschränkenden Lehren wie der Jungfrauengeburt, der einzigartigen Gottheit Christi und seiner Auferstehung. Diese andere Bibel ist weit genug, unseren jeweiligen kulturellen Hintergrund einzubeziehen, und lässt uns nahezu alles glauben, was immer wir glauben wollen.

Die Auffassung verbreitet sich immer weiter, dass ein alternativer Kanon entdeckt worden sei, der uns ein »Christsein« auf andere Art ermöglicht. Es wird behauptet, dass uns diese so genannten gnostischen Evangelien einen zuverlässigeren Bericht über das Leben Jesu und seine Lehren geben könnten als die kanonischen. Manche sagen, die gnostischen Evangelien gäben eine bessere Schilderung des Frühchristentums als die Bibel, mit der die meisten von uns aufgewachsen sind.

In der Einführung der *Gnostischen Bibel* heißt es: »Wir legen diese Texte als heilige Bücher vor, als heilige Schriften der Gnostiker und insgesamt als heilige Literatur der Gnostiker.«[2] So haben wir nun neben unserer Standardbibel konkurrierende »heilige« Texte.

In *Sakrileg* liefern die gnostischen Evangelien die historische Grundlage für die angebliche Ehe Jesu mit Maria Magdalena, auf die angeblich im *Evangelium des Philippus* Bezug genommen wird. Im Roman zitiert Sir Leigh Teabing diese Passage und sagt: »Doch sehr zum Leidwesen der damaligen Bearbeiter tauchte immer wieder ein Störfaktor in den Evangelien auf, nämlich Maria Magdalena – oder genauer, dass Jesus mit Maria Magdalena verheiratet war.«[3] An späterer Stelle zitiert der Roman *Das Evangelium von Maria,* um zu zeigen, dass Maria Magdalena nach dem Willen Jesu die Führerin der Kirche sein sollte.

Da die angebliche Ehe Jesu mit Maria Magdalena dem Autor des Buches *Sakrileg* am Herzen liegt, werden wir uns im nächsten Kapitel näher mit dieser Frage befassen. Hier möchte ich jetzt nur eine kurze Einführung in die gnostischen Evangelien geben, damit wir ihren Ursprung und ihre Lehren besser verstehen lernen.

Das Wort *gnostisch* kommt von dem griechischen Wort *gnosis,* was »Erkenntnis« bedeutet. Genauer gesagt wird dieses Wort gebraucht, um einen Bezug zu verborgener Erkenntnis herzustellen, die sich nur Eingeweihten oder Erleuchteten öffnet. Die Gnostiker glaubten, sie seien persönlich in spirituelle Erfahrungen eingeweiht, die ihnen die wahre religiöse Weltbetrachtung ermöglichten. Ihre Version vom Christentum war unter anderem feministisch. Gott wird als ein androgynes Wesen beschrieben, das heißt, er ist sowohl männlich als auch weiblich. Einige dieser Schriften sprechen von sexuellen Ritualen; andere geben verworrene Hinweise auf Lehren über Jesus und seine Jünger. Verständlicherweise werden diese Schriften in der feministischen Literatur zu dem Versuch herangezogen, das Christentum neu zu definieren und die »wirkliche Geschichte« der Ursprünge des Christentums zu entschleiern.

»Dutzende christlicher Schriften waren zuerst Heilige Schrift, dann Ketzerei, dann vergessen. Wieso befassen wir uns überhaupt wieder mit ihnen?«[4] So fragte das Magazin *Time* in seiner Titelgeschichte über diese Evangelien. Man sagt uns, sie »befriedigen ein spürbares Bedürfnis nach alternativen Auffassungen der Christusgeschichte auf Seiten sowohl der New-Age-Sucher als auch gewöhnlicher Gläubiger, denen einige theologische Einschränkungen ihres Glaubens zu unbequem geworden sind.«[5] Einige kirchliche Arbeitskreise, so heißt es, seien damit beschäftigt, diese alternativen Evangelien zu lesen, und fänden sie in Übereinstimmung mit dem gegenwärtigen Geist der Toleranz und der Do-it-yourself-Religion.

Da die Bibel – die traditionelle – die Zeit überdauert und die Prüfungen der Geschichtswissenschaft und der Archäologie bestanden hat, ist es nur fair und gerecht, wenn wir die *Gnostische Bibel* derselben historischen Prüfung unterziehen, die auch unsere Bibel durchlaufen hat. Unglücklicherweise ist das gleichzeitig sowohl schwieriger als auch einfacher. Schwieriger, weil die Gnostische Bibel keine Städte, Flüsse, Täler und aufeinander folgende Ereignisse erwähnt, wie es unsere traditionelle Heilige Schrift tut. Die gnostischen Evangelien geben zum größten Teil nicht vor, wirkliche Ereignisberichte zu sein; sie geben vielmehr einfach die Träumereien zahlreicher Lehrer wieder. In Wahrheit glaubten die gnostischen Autoren, wie wir später sehen werden, nicht wirklich, dass historische Ereignisse (wie das Leben und der Dienst Jesu) für die spirituelle Suche erheblich sein könnten.

Andererseits ist es leichter, diese Evangelien zu beurteilen, weil wir genug über die Gnostiker und ihren *modus operandi*[6] wissen, um ihre Zuverlässigkeit in Frage zu stellen. Gelinde gesagt: Es gibt keinen Grund, die gnostischen Evangelien als historisch wertvoll zu betrachten. Ihr Wert liegt darin, dass sie uns zeigen, was die Gnostiker glaubten, auch wenn diese Schriften kein neues Licht auf Jesus, Maria Magdalena oder die frühe Christenheit werfen.

Da diese Evangelien allerdings in *Sakrileg* verschiedentlich zitiert werden und weithin in zahlreichen okkulten Auslegungen des Neuen Testaments herangezogen werden, müssen wir ihren Ursprung und Inhalt etwas näher betrachten. Wir haben uns auf nicht weniger eingelassen als auf eine Schlacht, in der es um die wirkliche Bibel geht.

Das Auffinden der gnostischen Schriften

Im Jahr 1945 entdeckte in Ägypten ein arabischer Bauer beim Umgraben seines Ackers einen roten Tonkrug. Er hatte gehofft, Gold zu finden, aber wie jemand einmal sagte: Was er wirklich fand, war kostbarer als Gold. In dem Krug befanden sich dreizehn in Leder eingebundene, in koptischer Sprache geschriebene Papyri. Obgleich einige der Handschriften teilweise verbrannt oder anderweitig zerstört waren, gab es darunter doch auch einige unbeschädigte. Offenbar wusste niemand, wann diese Bücher verbrannt worden waren, aber der Zeitraum der tatsächlichen Abfassung der Originale wird von etwa 150 bis ins vierte oder fünfte Jahrhundert angenommen. Gelehrte übersetzten diese Dokumente ins Englische, so dass wir sie nun selbst lesen können. Diese Schriften sind zusammen mit einer Auswahl aus jüdischen und sogar chinesischen Quellen in der *Gnostischen Bibel* enthalten.

Hier eine kurze Darstellung des Hintergrundes: Die Gnostiker waren eine Gruppe von Denkern, die sehr stark von Platon beeinflusst waren. Sie unterschieden sich untereinander in vielerlei Hinsicht. Das macht es schwierig, in wenigen Sätzen zusammenzufassen, was sie genau glaubten. Es soll hier genügen zu sagen, dass die meisten von ihnen die Vorstellung ablehnten, Gott sei ins Fleisch gekommen. Materie wurde als schlecht, ja böse betrachtet, und infolgedessen konnte Gott nicht Mensch geworden sein. Sie theoretisierten über den Ursprung des Bösen und seine Beziehung zur Schöpfung. Sie behaupteten, der Mensch müsse seinen eigenen Weg zum Heil finden, und sein Problem sei nicht die *Sünde*, sondern vielmehr *die Notwendigkeit der Selbsterkenntnis*.

Manche Gnostiker erkannten zweifellos eine Gottheit an, die sowohl weiblich als auch männlich war. Nahezu alle leugneten die leibliche Auferstehung Jesu; einige lehrten auch, dass nicht Jesus, sondern ein Stellvertreter für ihn am Kreuz gestorben sei. Obwohl sie unterschiedlicher Ansicht darüber waren, wie das Heil erlangt wurde, waren sie sich doch darüber einig, dass die Erlösung in unserer Macht steht und dass sie durch direkten Zugang zum Göttlichen erlangt werden kann – ohne die Vermittlung Christi oder der Kirche.

Die Lehren der Gnostiker waren seit frühester Zeit bekannt und wurden seitdem auch studiert. Tatsächlich schrieb Irenäus im zweiten Jahrhundert das Buch

Gegen die Irrlehren, in dem er die Lehren der Gnostiker kommentierte und deutlich machte, warum Christen sie als Irrlehrer betrachteten. In diesem Sinn liefern die vorliegenden Dokumente sehr wenig Neues. Neu ist die weit verbreitete Faszination, die diese Schriften im gegenwärtigen religiösen Klima der Vereinigten Staaten und in Europa hervorrufen. Um Marcus Borg zu zitieren, den Autor des Buches *The Heart of Christianity*: »Es besteht großes Interesse an den verschiedensten frühchristlichen Strömungen, weil viele, die die Kirche verlassen haben – und manche, die noch darinnen sind –, nach einer anderen Weise des Christseins suchen.«[7]

Eine Beurteilung der *Gnostischen Bibel*

Folgen Sie mir auf eine Reise durch die *Gnostische Bibel*. Wie wir gesehen haben, tragen einige dieser Schriften Titel, die uns vertraut scheinen: *Das Evangelium des Petrus*, *Das Evangelium der Maria*, *Das Evangelium des Philippus* und *Das Evangelium des Thomas*. Was auch immer diese »Evangelien« sein mögen – es besteht kein Zweifel, dass die Autoren versuchten, den unmissverständlichen Eindruck zu erwecken, dass diese Schriften auf christlichen Quellen beruhten.

Aber wie zuverlässig sind sie?

Unechte Autorschaft

Um es vorweg zu sagen: Nicht einmal die allerliberalsten Gelehrten glauben ernsthaft, dass *Das Evangelium des Thomas* von dem neutestamentlichen Thomas verfasst wurde oder dass der Philippus des Neuen Testamentes der Autor des *Evangeliums des Philippus* ist. Dasselbe kann von den anderen gnostischen Evangelien gesagt werden, die die Namen der frühen Apostel tragen. Wie wir noch sehen werden, zeigen die Abfassungsdaten der Handschriften und die Orte, an denen sie niedergeschrieben wurden, dass man sie einfach Aposteln zuschrieb. Das sollte ihnen Glaubwürdigkeit verleihen und den Eindruck vermitteln, es handle sich um eine frühe Form des Christentums.

Die frühe Christenheit verwarf vorbehaltlos jedes Buch, das unter einem Pseudonym verfasst worden war, das heißt, wenn jemand den Namen eines Apostels benutzte, um Glaubwürdigkeit zu erlangen. Der Apostel Paulus kannte solche Schriften schon zu seiner Zeit und mahnte: *»... dass ihr euch nicht schnell in eurem Sinn erschüttern lasst noch erschreckt werdet, weder durch Geist, noch durch Wort, noch durch Brief, als seien sie von uns, als ob der Tag des Herrn da wäre«* (2Thess 2,1-2). Schon zu dieser Zeit schrieben Irrlehrer bereits Briefe, die sie mit Paulus' Namen unterzeichneten. Solche Täuschungsmanöver sind mit der göttlichen Inspiration unvereinbar, die den Schriften des Neuen Testaments zugestanden wird.

Einer der Gründe, weshalb manche in den frühen Jahrhunderten den zweiten Petrusbrief nicht anerkannten, waren Zweifel darüber, ob Petrus wirklich der Autor des Briefes war.

Dies ist nicht der Ort, die Gründe für diese frühe Auseinandersetzung zu diskutieren. Es soll hier nur darauf hingewiesen werden, dass Origenes um 240 sagte, das Buch sei umstritten gewesen, aber er habe es nicht verworfen. Auch Eusebius, von dem wir schon hörten, führte es in einer Liste umstrittener Bücher auf, schloss es aber dennoch in den Kanon mit ein. Wäre es von einem anderen Autor verfasst worden, hätte der vermutlich nicht den Brief mit der Grußformel begonnen: *»Simon Petrus, Knecht und Apostel«* (2Petr 1,1). Es ist wahrscheinlicher, dass Petrus selbst den Namen *Simon* nennt, um sich selbst zu kennzeichnen, als irgendein anderer Autor, der Petrus' Namen benutzen wollte, um größere Akzeptanz seines Buches zu finden.

Darüber hinaus stehen die Lehren des zweiten Petrusbriefes in Übereinstimmung mit den anderen Büchern des Neuen Testaments, und diese Übereinstimmung ist ein weiteres Plus für seine Zugehörigkeit zum Kanon. Die sehr persönliche Natur seiner Erfahrungen bestätigt zudem, dass der Brief von Petrus, dem Jünger Jesu, geschrieben wurde. Dies zeigt die Weisheit der frühen Kirche, den 2. Petrusbrief in unseren Kanon mit hineinzunehmen. In diesem Kanon wäre kein Buch akzeptiert worden, dessen Autorschaft ungesichert war.

Ich denke, wir sind uns einig: Wenn ein Autor seine Arbeiten einem Berühmteren zuschreibt, um Akzeptanz zu gewinnen, dann ist er höchst verdächtig. Ich kann John Dominic Crossan von der *DePaul-Universität* nicht zustimmen, der kürzlich in einem Fernseh-Special erklärte, diese Praxis sei lediglich eine allgemein akzeptierte Vorgehensweise gewesen, um eine breitere Leserschaft zu erreichen. Dabei setzte er stillschweigend voraus, dass es von den damaligen Autoren nicht als unschicklich betrachtet worden wäre, einen berühmten Namen als Pseudonym zu benutzen.[8] Für Gnostiker mag das vielleicht eine akzeptable Ansicht sein. Wenn aber die Bibel das Wort Gottes ist – und viele von uns sind zutiefst überzeugt, dass sie es ist –, dann ist im Zusammenhang mit derart inspirierten Texten keinerlei Betrug zu billigen. Auch dann nicht, wenn es sich um eine übliche Praxis gehandelt haben sollte.

Im Alten Testament lesen wir: *»Die Worte des HERRN sind* ***reine*** *Worte – Silber, am Eingang zur Erde geläutert, siebenmal gereinigt«* (Ps 12,7; Hervorhebung durch den Autor). Und Paulus schrieb im Neuen Testament: *»Und darum danken auch wir Gott unablässig, dass, als ihr von uns das Wort der Kunde von Gott empfinget, ihr es nicht als Menschenwort aufnahmt, sondern, wie es wahrhaftig ist, als Gottes Wort, das in euch, den Glaubenden, auch wirkt«* (1Thes 2,13). Dass dieses Wort Gottes sich Unredlichkeit zunutze macht, ist undenkbar.

Die späte Abfassungszeit der Bücher

Diese gnostischen Schriften sind keine Berichte von Augenzeugen der Ereignisse des Neuen Testaments. Sogar jene Gelehrten, die diesen Dokumenten Glaubwürdigkeit unterstellen wollen, räumen ein, dass das früheste Abfassungsdatum um 150 liegt – mindestens hundert, wahrscheinlicher aber hundertfünfzig Jahre nach Jesu Kreuzigung. Wie erwähnt, wurden weitere Schriften dem vierten, fünften oder sechsten Jahrhundert zugeschrieben, mehrere hundert Jahre nach der Zeit Jesu.

Jedes Buch in der *Gnostischen Bibel* enthält eine kurze Einführung durch einen heutigen Gelehrten. Zwar wird gesagt, dass *Das Evangelium des Thomas* im ersten Jahrhundert verfasst worden sein könnte (andere Gelehrte glauben, dies sei erst viel später geschehen), aber man erfährt weiter, dass *Das Evangelium des Philippus* vermutlich »im dritten Jahrhundert und wahrscheinlich in Syrien geschrieben wurde«.[9] *Das Evangelium der Maria* soll möglicherweise im zweiten Jahrhundert verfasst worden sein.[10] Der Knackpunkt: Einige dieser Evangelien wurden Jahrhunderte nach der Kreuzigung Jesu geschrieben. Das hebt sich doch sehr stark von den kanonischen Evangelien ab, die von Augenzeugen verfasst und vor dem Jahr 70 fertig gestellt wurden (nur das Evangelium des Johannes könnte erst im Jahr 95 abgeschlossen gewesen sein).

Wenn Sie die Wahl hätten – welcher Lebensbeschreibung von Abraham Lincoln würden Sie Glauben schenken? Der seiner Zeitgenossen oder der von Menschen, die hundertfünfzig Jahre nach seinem Tod über sein Privatleben oder seine politische Philosophie spekulieren? Besonders dann, wenn diese Spekulanten entschlossen waren, Lincoln ihre eigenen politischen Theorien in den Mund zu legen.

Der Inhalt der Bücher

Wenn man die gnostischen Evangelien liest, dann beeindruckt nicht etwa ihre Ähnlichkeit zum Neuen Testament, sondern vielmehr ihre auffallenden Unterschiede. Diese Evangelien sind nicht nur unhistorisch, sie sind sogar *anti*historisch; sie enthalten wenig Erzählendes und haben keinen Sinn für Chronologie. Sie zeigen kein Interesse an Recherche, Geographie oder historischen Zusammenhängen. Diese Dokumente erheben keinen ernst zu nehmenden Anspruch auf Deckung mit den kanonischen Evangelien. Sie enthalten einige neutestamentliche Anspielungen auf und Zitate von Jesus neben zahlreichen unsinnigen Aussagen, die ihm in den Mund geschoben werden.

Um einen kleinen Vorgeschmack auf einige dieser Bücher zu bekommen, lese man folgende Aussagen Jesu, die im berühmtesten der gnostischen Evangelien, dem *Evangelium des Thomas*, zu finden sind[11]:

> »Jesus [Yeshua] sagte: Selig ist der Löwe, wenn ein Mensch ihn isst und den Löwen zum Menschen macht. Verabscheuungswürdig ist der Mensch, wenn ihn ein Löwe frisst und der Löwe zum Menschen wird.«

> »Jesus [Yeshua] sagte zu ihnen: Wenn ihr die zwei zu einem macht, und wenn ihr das Innere wie das Äußere macht und das Äußere wie das Innere und das Obere wie das Untere, und wenn ihr das Männliche und das Weibliche zu einem einzigen

macht, so dass das Männliche nicht männlich und das Weibliche nicht weiblich ist, wenn ihr Augen macht statt eines Auges, eine Hand statt einer Hand und einen Fuß statt eines Fußes, ein Bild statt eines Bildes, dann werdet ihr in das Königreich eingehen.«

»Jesus [Yeshua] sagte: Wer die Welt erkannt hat, hat einen Leichnam gefunden, und wer einen Leichnam gefunden hat, dessen ist die Welt nicht würdig.«

Das klingt doch ganz nach Jesus, oder?

Diese gnostischen Evangelien enthalten spekulative Gedanken, von denen die meisten auch ohne das Kommen Jesu Christi hätten entwickelt werden können. Viele der Aussagen im *Evangelium des Thomas* hätten beispielsweise von irgendeinem beliebigen religiösen Führer oder angeblichen Propheten geäußert werden können. Aber die Gnostiker versuchten, ihre Lehren an Jesus und an die Apostel zu binden, um ihren Spekulationen Legitimität zu verleihen. Deshalb entlehnten sie einige Worte Jesu für ihre Zwecke, ignorierten aber weitestgehend sein Erlösungswerk. Ideen waren von Interesse, nicht Ereignisse.

Es ist einfach nicht wahr, dass der Gnostizismus die authentische frühchristliche Bewegung repräsentiert, die später von den frühen Kirchenführern – solchen wie Konstantin – unter Verschluss gebracht worden sei. Von Kirchenführern, die aus politischen

Gründen auf ihrer eigenen Version von Christentum bestanden hätten. Es wurde behauptet, Jesus habe Maria Magdalena als Haupt der Kirche vorgesehen und er habe gewollt, dass die göttliche Weiblichkeit verehrt würde. Seine Absichten seien jedoch von machthungrigen, paragraphenversessenen, sexfeindlichen Kirchenbeamten zunichte gemacht worden. Diese Behauptungen stehen im Widerspruch zu Dutzenden nachprüfbarer früher Dokumente, wie später in diesem Buch gezeigt werden wird.

Weit entfernt davon, die echte Form des Christentums zu sein, war der Gnostizismus ein Parasit, der versuchte, seine platonischen Vorstellungen mit der noch am Anfang stehenden, aber populären christlichen Bewegung zu verbinden. Wir haben jeden Grund zu glauben, dass die frühe Kirche dies richtig erkannte, als sie darlegte, dass der Gnostizismus eine Entstellung der ursprünglichen Wahrheit war und keine selbständige legitime Informationsquelle über Jesus und den christlichen Glauben. Die heutige Vorstellung, die Gnostiker seien die frühen Verlierer der Christenheit gewesen und von einer machthungrigen Kirche dazu gemacht worden, ist einfach nicht wahr.

Warum der Gnostizismus mit dem historischen Frühchristentum nicht in Übereinstimmung gebracht werden kann, sondern eine ganz andere Art von Religiösität darstellt, werden wir im sechsten Kapitel im Detail untersuchen. Hier genügt es festzustellen, dass die Dokumente des Neuen Testaments nicht allein betonen, was Jesus lehrte, sondern ganz besonders das, was Jesus *tat*. Er kam nicht nur, um zu lehren, sondern vielmehr um als persönliches Opfer für Sünder am Kreuz zu sterben und am dritten Tag aufzuerstehen, um seine Behauptungen zu bestätigen. Mit anderen Worten, das Christentum ist eine historische Religion, die in nachprüfbaren Tatsachen wurzelt. Gnostizismus ist eine Theorie aus Ideen – sich widersprechenden Ideen, möchte ich hinzufügen –, die keine Grundlage in Raum-/Zeit-Ereignissen haben.

Nebenbei bemerkt, die gnostischen Evangelien dürfen keinesfalls mit den Schriften verwechselt werden, die wir als *Apokryphen* bezeichnen. Das sind Bücher, die sich zwar in der katholischen Bibel finden, nicht aber in der protestantischen Heiligen Schrift. Diese der Bibel hinzugefügten Bücher wurden größtenteils vor der Zeit Christi geschrieben und erhielten Glaubwürdigkeit, als Hieronymus sie in die Vulgata einfügte, die lateinische Version der Heiligen Schrift. Wir haben weder Zeit noch Raum, die Frage zu diskutieren, ob diese Bücher vom Geist Gottes inspirierte Schriften sind oder nicht. Es geht hier nur darum festzustellen, dass sie in keinerlei Beziehung zu den gnostischen Schriften stehen.

Verschiedene Versionen der Geschichte

Wir sollten der Untersuchung der gnostischen Evangelien noch mehr Zeit widmen, und werden die Diskussion daher im nächsten Kapitel wieder aufnehmen. Hier und jetzt muss unsere Frage lauten: Woher kommt das wachsende Verlangen, diese Schriften gelten zu lassen? Wir leben in einem postmodernen Zeitalter, in dem manche Historiker die Ansicht vertreten, die historische Wissenschaft solle sich nicht mehr auf die Suche nach objektiven Fakten konzentrieren und auch nicht darauf, diese Fakten dann anschließend so gut und so genau wie möglich zu interpretieren. Die Geschichte, sagen sie, solle überarbeitet werden, um das Selbstbewusstsein zu stärken und politisch korrekte Ansichten zu unterstützen.

Setzt man diese Gesinnung voraus, kann die Geschichte in jeden gewünschten Rahmen gepresst und jedes wünschenswerte Ziel erreicht werden. Die Aufzeichnungen der Vergangenheit müssen dazu analysiert, umgearbeitet und verändert werden, damit sie dem Zeitgeist entsprechen. Daher schrieb ein postmoderner Autor, die Gesellschaft müsse dazu gebracht werden, gemäß »einer vorgestellten Geschichte der Vergangenheit« zu handeln.[12] Mit anderen Worten: Der Versuch, Tatsachen aufzudecken, soll zugunsten einer Geschichtsforschung von psychologischem Gewicht aufgegeben werden.

In *Sakrileg* sagt Gralexperte Sir Leigh Teabing, dass »die Geschichte immer von den Siegern geschrieben wird. Wenn zwei Kulturen aufeinander prallen, verschwindet der Verlierer von der Bildfläche, und der Sieger schreibt die Geschichtsbücher, in denen er sich selbst im vorteilhaftesten Licht zeichnet und den besiegten Feind als Halunken darstellt. Wie hat Napoleon so treffend gesagt? ›Was ist die Geschichte anderes als eine Lüge, über die sich alle einig sind.‹«[13] Wenn Napoleon Recht hat, dann folgt daraus natürlich, dass historische Forschung so unnütz wie kontraproduktiv ist. In so einer Welt wird Phantasie zur Geschichte. Alles, was wir finden müssen, ist ein Mythos, über dessen Historizität wir Übereinstimmung erzielen.

Der Drang, den gnostischen Evangelien Geltung zu verschaffen, hat nichts mit nüchterner historischer Forschung zu tun, sondern vielmehr mit Engagement für den Feminismus und mit dem Wunsch, einen Jesus zu finden, der mehr mit uns fehlbaren Menschen gemeinsam hat. Und natürlich passt die Vorstellung, eine persönliche transzendentale Erfahrung mit dem Göttlichen sei durch sexuelle Ekstase herbeizuführen, sehr gut in unser modernes Zeitalter mit seiner krankhaften sexuellen Besessenheit. Es ist ein Mythos, den manche als ihre persönliche Wahrheit erwählt haben.

Der vielbeachtete Fachmann für Neues Testament, Raymond Brown (keine Verwandtschaft mit Dan Brown), erklärte über diese Evangelien: »Wir erfahren aus ihnen nicht eine einzige glaubhafte neue Tatsache über den Dienst des historischen Jesus und können von ihnen nur wenige neue Aussagen übernehmen, die möglicherweise von ihm stammen könnten.«[14]

Der katholische Autor Andrew Greely sagte über *Sakrileg*: »Dies alles ist reichhaltiges Material, das garantiert, dass man mit dem Lesen nicht aufhören kann, ehe die Geschichte zu Ende ist. Dennoch muss sich der Leser fragen, wie viel davon Phantasie ist. Ich behaupte, die Antwort auf diese Frage lautet: Nahezu alles ist Phantasie. Alle paar Jahre kommt so ein Buch daher, das für sich in Anspruch nimmt zu zeigen, wer Jesus wirklich war, und/oder wie die Kirche es geschafft hat, den ›wahren‹ Jesus 19 Jahrhunderte lang zu verbergen. Aus irgendeinem Grund halten sie alle einer ernsthaften historischen Untersuchung nicht stand.«[15]

Treffen mit einem Historiker

Wenn wir das Neue Testament aufschlagen, macht uns die Unähnlichkeit mit den gnostischen Evangelien sprachlos. Der Unterschied ist buchstäblich der von Licht und Finsternis. Lukas beispielsweise informiert uns über die Methode, die er zur Durchführung seiner historischen Arbeit angewandt hat. Er ging so vor, wie es Historiker gewöhnlich tun, wenn es auf Fakten ankommt.

Wenn man die Bibel liest, entdeckt man, dass das Wort Gottes auf verschiedene Weise zu uns herabgekommen ist. Manchmal sprach Gott unmittelbar zu den Propheten und offenbarte ihnen Dinge, die auf andere Weise nicht bekannt geworden sein konnten. Manchmal schrieb Gott die Worte selbst wie bei den Zehn Geboten. Allerdings benutzte Gott auch natürliche Mittel wie im Fall von Lukas, der sein Buch nach akribischer Recherche schrieb.

Im Eröffnungsabsatz erklärt Lukas, wie sein Buch zustande kam:

»Da es nun schon viele unternommen haben, einen Bericht von den Ereignissen zu verfassen, die sich unter uns zugetragen haben, wie sie uns die überliefert haben, die von Anfang an Augenzeugen und

> *Diener des Wortes gewesen sind, hat es auch mir gut geschienen, der ich allem von Anfang an genau gefolgt bin, es dir, vortrefflichster Theophilus, der Reihe nach zu schreiben, damit du die Zuverlässigkeit der Dinge erkennst, in denen du unterrichtet worden bist«* (Lk 1,1-4).

Lukas führte *sorgfältige Nachforschungen* durch. Es scheint, als wolle er sagen: »Ich schreibe die großartigste Geschichte der Welt, und das verdient die besten Recherchen, zu denen ich fähig bin.« Natürlich haben auch andere über Christus geschrieben, und Lukas schmälert ihre Berichte nicht – in Wahrheit dürften ihm ihre Recherchen zugute gekommen sein. Er entschloss sich, mit großer Sorgfalt und Aufmerksamkeit bis ins Detail zu schreiben.

Wie ging er bei seiner Untersuchung vor? Zuerst erwähnte er die bestehenden Quellen und Dokumente, die er auch benutzte. Aber er wollte seinen eigenen Bericht über Jesus schreiben, denn jedes große Leben verdient mehr als eine Biographie. Er verwies auf Augenzeugen, die die Einzelheiten bestätigen konnten. Lukas war Arzt, daher kann man davon ausgehen, dass er tatsächlich mit der Jungfrau Maria über die Geburt Jesu gesprochen hat.

Lukas war ein Begleiter des Markus und später des Apostel Paulus und so war es ihm möglich, Fragen zur Klarstellung und Bestätigung zu stellen. Da er sagt, es gäbe andere Augenzeugen, die *»von Anfang an dabei gewesen«* seien, war Lukas in der Lage, die ganze Geschichte zu recherchieren.

Als er sagte, er habe die Fakten aufs Genaueste (vom griechischen Wort *akribos*; deutsch: akribisch) geprüft, dann meint er damit, dass er die notwendige Sorgfalt der Aufgabe stets im Auge behielt. Ein guter Historiker nähert sich dem Gegenstand seiner Betrachtung nicht mit ausgedachten Vermutungen. Er beginnt seine Arbeit nicht mit dem Entschluss, zu einem Ergebnis zu kommen, das seinen Wünschen entspricht. Er folgt den Tatsachen, wohin sie ihn auch führen mögen.

Sodann *ordnete Lukas sein Material nach gewissen Regeln.* Er schrieb, er wolle die Ereignisse *»in guter Ordnung«*[16] aufschreiben. Seine Gliederung ist nicht immer chronologisch; manchmal stellte er sein Material anhand verschiedener Themen zusammen. Manchmal stellte er Ereignisse zusammen, um das Thema verständlicher zu machen. Im Allgemeinen folgte er der Chronologie, verknüpfte aber miteinander, was thematisch zusammengehörte – so konnte sein Freund Theophilus alles besser verstehen. Das Wichtigste: Sein Bericht hat Dichte und Logik; es gibt einen logischen Fortgang.

Und schließlich schrieb er so, *dass der Leser auf der Grundlage des dargebotenen Materials zu einer vernünftigen Schlussfolgerung kommen kann.* Wir wissen nicht viel über Theophilus (der Name bedeutet »Geliebter Gottes«), aber offenbar war er sehr prominent, denn Lukas spricht ihn als *»vortrefflichster Theophilus«* an. Wir sind überaus dankbar, dass Lukas ihm und dadurch uns allen die wunderbare Geschichte Christi berichtete.

Seinem Freund gegenüber äußerte Lukas seine Absicht: *»Damit du die Zuverlässigkeit der Dinge erkennst, in denen du unterrichtet worden bist.«* Er schrieb frei heraus. Er wusste, was sein Freund brauchte, war *Zuverlässigkeit* (das hier verwendete griechische Wort lautet *asphaleia*). Wörtlich bedeutet diese griechische Vokabel, dass »jemand in der Lage ist, einen festen Standpunkt einzunehmen« und in diesen Angelegenheiten von unglaublicher Wichtigkeit nicht zu straucheln. Er schrieb, um Theophilus' Bedenken zu zerstreuen, denn zu diesem Zeitpunkt war dieser Mann vielleicht noch kein Christ.

Konnte Lukas überhaupt ein unvoreingenommener Historiker sein? Natürlich. Hatte er tiefe Überzeugungen über den Gegenstand, über den er schrieb? Ja. Disqualifiziert ihn das? Nicht mehr als es einen Überlebenden des Holocaust disqualifiziert, der mit Überzeugung und mit dem Anliegen, die Menschen zu informieren, über wichtige Angelegenheiten schreibt.

Wie akkurat arbeitete Lukas nun als Historiker? Er schrieb auch das Buch der Apostelgeschichte. Es ist voller historischer Einzelheiten: Städte, Seen, Schiffe und geographische Details. Sir William Ramsey, ein berühmter Historiker und Archäologe des neunzehnten Jahrhunderts, nahm sich vor zu beweisen, dass Lukas' Schriften voller Fehler seien. Aber nach einem Leben akribischen Studiums und akkuratester Arbeit schrieb er: »Lukas' Geschichte ist hinsichtlich ihrer Vertrauenswürdigkeit kaum zu übertreffen.«[17] Diese Einschätzung wird auch von den modernen Archäologen bestätigt.

Die Wahl, vor der wir stehen

Warum sollte jemand die gnostischen Evangelien eher gelten lassen als die nachprüfbaren Berichte der kanonischen Schriften? Die Antwort auf diese Frage kann nur im Zeitgeist liegen: Der Wunsch nach Vielfalt der Lehre, der Druck des Feminismus und das hartnäckige Bestehen darauf, dass man direkte persönliche Gotteserfahrungen ohne die Mittlerschaft Christi haben kann. Nur dieses Begehren, »mehr im Trend zu liegen als andere«, kann den sinnlosen Drang erklären, sich die verdrehten Lehren der gnostischen Bibel zu eigen zu machen.

Wenn die historische Zuverlässigkeit des Neuen Testaments nicht besser gewesen wäre als die der gnostischen Evangelien, dann wären alle Versuche, den christlichen Glauben zu vertreten, schon vor langer Zeit zusammengebrochen. Das Magazin *Time* hat Recht, wenn es schreibt: »Die entdeckten Texte liefern auch Futter für Amerikas stets unstillbaren Appetit auf mystische Spiritualität.«[18] Die Menschen suchen eine Beziehung zu Gott, die nicht an Lehren oder an öffentliche Religion gekoppelt ist. Sie halten Ausschau nach einem alternativen Christentum, das eine Umdeutung Jesu mit esoterischen Einsichten und dem Besten aus anderen Religionen kombiniert.

Elaine Pagels, die in einem Buch die Lehren der gnostischen Evangelien zusammengefasst hat, räumt ein, dass diese Schriften für den spirituellen Sucher attraktiv sind, weil sich »darin Anklänge an den Buddhismus und an Freud sowie eine starke Aufwertung der Rolle der Frau finden.«[19] Durch diese Dokumente hat sie angeblich »ein Christentum gefunden, das weniger verschlüsselt ist durch heilsentscheidende Glaubenslehren wie die Jungfrauengeburt oder sogar die Gottheit Christi, und in dem Heilserlangung durch laufende spirituelle Erfahrungen größere Akzeptanz genießt.«[20]

Der Jesus in *Sakrileg* ist kein Heiland. Er ist auf die Rolle eines Menschen reduziert worden – eines bemerkenswerten Menschen vielleicht, aber nichtsdestoweniger auf einen Menschen. Folgt man den Gnostikern, dann ist er eine Ausstrahlung Gottes neben vielen anderen. Aber im Neuen Testament werden wir mit einem ganz anderen Bild konfrontiert – dem Bild eines göttlichen Menschen, der befähigt ist, die Kluft zwischen Gott und uns zu überbrücken.

Im 6. Kapitel werden wir uns wieder dem Gnostizismus zuwenden, um zu zeigen, warum er nicht als ein alternativer Weg des Christseins klassifiziert werden kann. Der gnostische Jesus und der Jesus des Neuen Testamentes unterscheiden sich grundlegend. Und unsere ewige Bestimmung ist abhängig von der richtigen Unterscheidung.

»Geht ein durch die enge Pforte; denn weit ist die Pforte und breit der Weg, der zum Verderben führt, und viele sind, die auf ihm hineingehen. Denn eng ist die Pforte und schmal der Weg, der zum Leben führt, und wenige sind, die ihn finden« (Mt 7,13-14).

Jesus, Maria Magdalena und die Suche nach dem Heiligen Gral

Das Buch *Sakrileg* hat seinen Namen[1] von der Behauptung, Leonardo Da Vinci sei Mitglied der Bruderschaft von Sion gewesen. Diese Bruderschaft sei eine kleine Gruppe von Verschwörern gewesen, die die Wahrheit über die Ehe Jesu mit Maria Magdalena kannten, das explosive Geheimnis aber wegen des heftigen Widerstandes der Kirche verbergen mussten. Um dem Zorn des Vatikan zu entgehen, hätten Mitglieder der Bruderschaft ihr kostbares Wissen in Gemälden, Texten und Architektur verschlüsselt auf eine Weise weitergegeben, dass nur Eingeweihte die Bedeutung entschlüsseln konnten. Im Roman wird die mächtige katholische Organisation Opus Dei damit beauftragt, die Bruderschaft einzuschüchtern – um Tatsachen zu unterdrücken, die das Christentum, wie wir es kennen, zerstören würden.

So wird nun argumentiert, Da Vincis Gemälde enthielten verborgene Botschaften. In seinen Gemälden fände sich tatsächlich der verschlüsselte Beweis dafür, dass Jesus mit Maria Magdalena verheiratet war und dass diese Maria und nicht ein Gefäß der Heilige Gral sei. In dem Roman lesen wir: »Die Ehe zwischen Jesus und Maria Magdalena ist historisch verbürgt.«[2]

Aber – ist sie das wirklich?

In diesem Kapitel werden wir diese Frage beantworten, indem wir eine Reihe weiterer Fragen untersuchen: Malte Leonardo in seinem Meisterwerk *Das Abendmahl* anstelle von Johannes Maria Magdalena? Ist Maria Magdalena selbst der Heilige Gral? Welche historischen Beweise gibt es, die die beiden in eine besondere Beziehung zueinander bringen? Und schließlich: Wäre es Jesus möglich gewesen, verheiratet zu sein?

Leonardo, »Das Abendmahl« und Maria Magdalena

Leonardo war ein uneheliches Kind, das laut des Tagebuchs seines Großvaters am Samstag, dem 15. April 1452 in Vinci geboren wurde, einem etwa 35 Kilometer westlich von Florenz gelegenen Örtchen. (Daher ist »Da Vinci« nicht sein Nach- oder Familienname, sondern ein Hinweis auf seinen Geburtsort.) Man brachte den frühreifen Jungen nach Florenz, wo er bei einem Meister der Malkunst in die Lehre ging. Leonardo war begeistert und arbeitete vom frühen Morgen bis zum späten Abend, um sein Handwerk zu erlernen. Es kann nicht überraschen, dass er überzeugt war, die

Malerei sei die höchste menschliche Berufung und man müsse »alles malen ..., was das Auge sehen« könne. Darüber hinaus verbrachte er seine Freizeit damit, Maschinen, bewegliche Apparate und militärische Ausrüstungsgegenstände zu entwerfen. Religion als Vehikel für seine künstlerische Ausdruckskraft.

Weil er meinte, von seinem Mentor in Florenz nicht ausreichend gewürdigt zu werden, wandte sich Da Vinci an Ludovico, den Herzog von Mailand, und fragte ihn, ob diesem seine Dienste nicht zum Nutzen sein könnten. Dort verbrachte er zwanzig Jahre seines Lebens. 1495 beauftragte Ludovico Leonardo, für das Refektorium[3] eines Dominikanerklosters in *Santa Maria delle Grazie* ein Abendmahlsbild zu malen, damit die Möche bei ihren Mahlzeiten etwas Schönes anzuschauen hätten.

In dem Roman wird gesagt, dass Leonardo, in das Geheimnis der Bruderschaft eingeweiht, bei seiner Darstellung des Abendmahls in Wirklichkeit Maria Magdalena und nicht Johannes zur Rechten Jesu malte. Darüber hinaus sei kein Kelch auf dem Tisch: Leonardo habe dem Betrachter deutlich machen wollen, dass in Wahrheit Maria Magdalena das Gefäß sei, der Heilige Gral. Robert Langdon, eine der Hauptfiguren des Romans, sagt, Maria Magdalenas Gegenwart auf dem Bild repräsentiere »das göttlich Weibliche und die Heiligkeit der göttlichen Urmutter - Vorstellungen, die inzwischen natürlich untergegangen sind. Sie wurden von der Katholischen Kirche nachhaltig eliminiert.«[4]

In seinem Buch *Humanists and Reformers: A History of the Renaissance and Reformation* sagt Bard

Thompson, dass Da Vincis Gemälde ein psychologisch begründetes Werk sei, da er nicht an religiösen Lehren, wie etwa der über das Abendmahl, interessiert war. Viel mehr interessierte ihn die Bestürzung über den Verrat des Judas. Wenn man das Bild betrachtet, erkennt man in den Mienen der Jünger die Bestürzung, die durch Jesu Ankündigung hervorgerufen wird, einer von ihnen werde ihn verraten. Judas war der Einzige, dem das nicht erst gesagt werden musste; während er seinen Bissen hastig verschlingt, weicht er in die Dunkelheit zurück.[5]

Wenn es schon eine Weile her ist, dass Sie eine Wiedergabe von Leonardos *Abendmahl* gesehen haben, dann sollten Sie sich unbedingt eine Reproduktion ansehen. Sie werden beipflichten, dass Johannes, zur Rechten Jesu sitzend, recht unmännlich aussieht. Aber Bruce Boucher vom *Art Institute* in Chicago untersuchte Dan Browns Interpretation und nannte sie »völlig übertrieben ... Leonardos Bild zielt in der Tat in eine andere Richtung, denn es bestätigt die Tradition florentinischer Darstellungen des Abendmahls. Sie betonen eher den Verrat und das Opfer als die Einsetzung von Brot und Wein.«[6] Er fügte hinzu, dass sich Leonardos Darstellung des Johannes mit anderen derartigen Bildern von ihm in Florenz in Übereinstimmung befand. Vielleicht sollten wir noch dazu sagen, dass das Bild keinerlei Hinweis auf das Vorhandensein eines weiblichen Busens bietet. Jack Wasserman, pensionierter Professor für Kunstgeschichte an der *Temple University* sagte schlicht: »Einfach alles, was Dan Brown über Leonardo sagt, ist falsch.«[7]

Das führt uns zu der Frage: Was war die Suche nach dem Heiligen Gral und was ist der Beweis dafür, dass Maria Magdalena der Gral ist?

Die Suche nach dem Heiligen Gral

Niemand weiß, was mit dem Kelch geschah, aus dem Jesus in der Nacht trank, in der er das Abendmahl einsetzte. Die Legende sagt, man habe ihn Josef von Arimathäa gegeben, aber es gibt keine Sicherheit darüber. Was wir wissen, ist, dass im zwölften Jahrhundert Gerüchte über diesen Kelch im Umlauf waren, in denen er Heiliger Gral genannt wurde und dem man magische Kräfte zuschrieb.

Diese Legenden gründeten sich in Wirklichkeit auf keltischen Aberglauben über dieses Gefäß als Symbol spiritueller Verwandlung und Erneuerung. In der Tat finden sich viele dieser Geschichten in der griechischen Mythologie aus der Zeit vor Christus. Gewisse Schalen, Kessel oder große Becken enthielten – so dachte man – verborgene Erkenntnis und spirituellen Nutzen für die, die sie besaßen. Daher brachte man sie mit Weissagung und mit zahlreichen okkulten Praktiken in Verbindung.

Diese Legenden fanden Eingang in die Geschichten von König Artus und den Rittern der Tafelrunde. Eine Schilderung sagt, der Gral sei tatsächlich erschienen und habe einen Bann auf alle Anwesenden gelegt. König Artus schwor, mit der Hilfe seiner Ritter werde er ihn finden. Lancelot war der tapferste, aber unglücklicherweise war er verliebt in Artus' Ehefrau.

Wegen seiner Sünde konnte Lancelot nur flüchtige Blicke auf den Gral erhaschen. Seither erschien der Gral nur den Reinsten; er wich Lancelot und allen anderen aus, die ihn suchten. Im Verlauf der Geschichte hat man von unzähligen Gefäßen angenommen, dieser heilige Kelch zu sein.

Jahrhundertelang glaubte man, der Gral sei ein greifbarer Gegenstand – die Schale oder der Kelch von Jesu letztem Abendmahl. Aber im fünfzehnten Jahrhundert kam die Vorstellung auf, der Gral sei kein Gegenstand, sondern vielmehr eine Ahnentafel. Besonders in *Sakrileg* heißt es vom Gral, es handle sich um die königliche Blutslinie Jesu. Anscheinend hat Maria Magdalena die Blutslinie Jesu weitergeführt, indem sie sein Kind trug. Ein Nachfahre Jesu begründete dann die merowingische Linie des französischen Königtums. Das Ende des Romans zeigt die Hauptfigur an der umgekehrten Pyramide im Pariser Louvre; sie betet an einer Stelle, die Maria Magdalenas Grab sein soll. Eine der Schlusszeilen lautet: »Die Suche nach dem Heiligen Gral ist die Wallfahrt zu den Gebeinen Maria Magdalenas. Es ist die Sehnsucht, zu Füßen der Verleugneten auf die Knie zu sinken und zu beten.«[8] Die Ritter der Tafelrunde würde dies sehr überrascht haben, denn sie waren überzeugt, der Heilige Gral den sie suchten, sei ein Gefäß.

Aber – gibt es begründete Belege dafür, dass Maria Magdalena mit Jesus hätte verheiratet sein können? In einigen Passagen der gnostischen Evangelien, die wir im vorangegangenen Kapitel eingeführt haben, wird sie erwähnt. Wie wir wissen, spricht die Bibel über ihre

Beziehung zu Jesus. Sie ist die erste Zeugin der Auferstehung und wurde von einigen in der Frühkirche sogar »Apostel der Apostel« genannt.

Wer also war Maria Magdalena? Wir werden zunächst feststellen, was das Neue Testament über sie sagt, und dann werden wir uns mit den Hinweisen beschäftigen, die die gnostischen Evangelien im Hinblick auf sie enthalten.

Maria Magdalena und das Neue Testament

Der neutestamentliche Autor Lukas macht uns mit einer Gruppe von Frauen bekannt, die Jesus und den Jüngern nachfolgten und sich an ihrer finanziellen Unterstützung beteiligten: *»Einige Frauen, die von bösen Geistern und Krankheiten geheilt worden waren: Maria, genannt Magdalena, von der sieben Dämonen ausgefahren waren, und Johanna, die Frau des Chuza, des Verwalters Herodes, und Susanna und viele andere, die ihnen mit ihrer Habe dienten«* (Lk 8,2-3).

Hier sollten wir lange genug innehalten, um uns etwas zu vergegenwärtigen. Diese Passage zeigt, dass Jesus mit der Tradition brach, als er es zuließ, dass Frauen mit ihm reisten und halfen, seinen Dienst zu finanzieren. Die Rabbiner seiner Zeit würden derartige Offenheit gegenüber Frauen nicht toleriert haben; auch nicht die Ehrerbietung, die aus einer solch engen Gemeinschaft resultierte. Frauen definierten sich zu der Zeit üblicherweise durch ihre Ehemänner, aber Maria wird Magdalena genannt; sie wird anhand des

Ortes identifiziert, aus dem sie kam (Magdala lag am Westufer des Sees Genezareth). Möglicherweise war sie unverheiratet.

Das vorangegangene Kapitel im Lukasevangelium erzählt die Geschichte einer ungenannten Prostituierten, die zu Jesus kam, und manche haben spekuliert, sie sei Maria Magdalena gewesen. Im Jahr 591 hielt Papst Gregor der Große eine Osterpredigt. Darin erklärte er, die Prostituierte aus Lukas 7 sei die in Lukas 8 erwähnte Maria Magdalena. Es gibt jedoch keinen wirklichen Grund, eine derartige Verbindung herzustellen.

Vielleicht beabsichtigte Papst Gregor, mit seiner spekulativen Identifizierung irgendwelchen kursierenden Legenden über Maria Magdalenas Rolle in der frühen Kirche den Boden zu entziehen. Aber es ist eine übertriebene Unterstellung, sie als Prostituierte zu brandmarken, nur um eine vermutete Rivalität mit dem Apostel Petrus zu verhindern. Im Buch *Sakrileg* lautet das Argument, Jesus habe die Absicht gehabt, die Kirche auf Maria Magdalena zu begründen. Die frühe Kirche habe jedoch Dokumente gefälscht und Maria Magdalena zur Hure erklärt, um sie für ein solch hohes Amt ungeeignet zu machen. Auf jeden Fall hat der Vatikan 1969 völlig richtig die Jahrhunderte alte Fehlinterpretation korrigiert und anerkannt, dass es keinen Grund gibt, Maria Magdalena für eine bußfertige Hure zu halten.

Manchmal ist Maria Magdalena auch fälschlicherweise mit Maria von Bethanien gleichgesetzt worden, der Schwester von Martha und Lazarus. Es gibt aber keinen Zweifel, dass sie ausdrücklich Maria *Magdalena* genannt wurde, um sie von den anderen Marias in den Evangelien zu unterscheiden. Dessen können wir uns sicher sein: Sie hatte eine wunderbare Bekehrungsgeschichte und war die erste Zeugin der Auferstehung des Herrn, den sie liebte.

Maria Magdalenas Dienst für Jesus brachte sie in Kontakt mit Salome, der Mutter von Jakobus und Johannes, und auch mit Maria, der Mutter unseres Herrn (Joh 19,25). Diese tapferen Frauen standen am Fuß des Kreuzes, als Jesus starb. Maria Magdalena hielt Totenwache, bis der Leichnam herabgenommen, in Leinen gewickelt und in das Grab des Josef von Arimathäa gelegt worden war (Mt 27,61; Mk 15,47; Lk 23,55).

Dann, am ersten Tag der Woche, brachten sie und die anderen Frauen *»wohlriechende Öle, um hinzugehen und ihn zu salben«* (Mk 16,1). Als sie die Gruft erreichten, fanden sie sie leer und sahen einen Engel, der ihnen sagte, dass Jesus aus den Toten auferweckt worden sei. Maria Magdalena ging hin, um Petrus und Johannes die Nachricht zu überbringen, und kam mit ihnen zum Grab zurück. Obwohl es leer war und Jesus nicht gefunden werden konnte, blieb sie dort, nachdem die beiden Männer gegangen waren.

Als sie in die Gruft hineinschaute, sah sie Engel, die sie fragten, weshalb sie denn weine. Sie antwortete: *»Weil sie meinen Herrn weggenommen und ich nicht weiß, wo sie ihn hingelegt haben«* (Joh 20,13).

Sie spähte lange genug in die finstere Gruft, um ganz sicher zu sein, dass sie leer war. Man muss sich vergegenwärtigen, dass sie darüber nachdachte, was als Nächstes zu tun war. Langsam ging sie aus der Gruft und ordnete ihre Gedanken; sie versuchte, ihre Augen wieder dem hellen Tageslicht anzupassen.

»Als sie dies gesagt hatte, wandte sie sich zurück und sieht Jesus dastehen; und sie wusste nicht, dass es Jesus war.
Jesus spricht zu ihr: ›Frau, was weinst du? Wen suchst du?‹
Sie, in der Meinung, es sei der Gärtner, spricht zu ihm: ›Herr, wenn du ihn weggetragen, so sage mir, wo du ihn hingelegt hast, und ich werde ihn wegholen.‹
Jesus spricht zu ihr: ›Maria!‹
Sie wendet sich um und spricht zu ihm auf hebräisch: ›Rabbuni!‹ das heißt Lehrer.
Jesus spricht zu ihr: Rühre mich nicht an, denn ich bin noch nicht aufgefahren zum Vater. Geh aber hin zu meinen Brüdern und sprich zu ihnen: Ich fahre auf zu meinem Vater und eurem Vater und zu meinem Gott und eurem Gott«

(Joh 20,14-17).

Maria Magdalena wollte sich Jesus an die Fersen heften wie ein Kind, das den Weggang eines Elternteils fürchtet. Nun, da sie ihn gefunden hatte, wollte sie ihn nicht wieder verlieren.

Doch in diesem Moment sagte Jesus: »Rühre mich nicht an!«

Er wollte ihr damit sagen: »Du wirst mich wiedersehen, denn ich bin noch nicht aufgefahren zu meinem Vater. Denke nicht, mich zu verlieren, denn ich werde die nächsten vierzig Tage bei dir sein. Kein Grund zur Panik.« Ja, es war derselbe Jesus, aber das Wesen seiner Beziehung zu ihr hatte sich gewandelt.

Zur Verteidigung der Theorie im *Sakrileg* argumentieren manche, in jenen Tagen wäre es ein Tabu gewesen, dass eine Frau einen Mann berührt. So setze Maria Magdalenas Verhalten voraus, dass sie und Jesus miteinander verheiratet gewesen seien. Hier handelte es sich jedoch zweifellos um eine spontanen Zuwendung als Ausdruck ihrer Hingabe. Ganz sicher konnte Jesus berührt werden, denn später, als die Frauen die Gruft verließen, traf er sie und wir lesen: *»Sie aber traten zu ihm, umfassten seine Füße und warfen sich vor ihm nieder«* (Mt 28,9). Offenbar war Maria Magdalena nicht die einzige Frau, die Jesus berühren durfte. Unser Heiland war nicht durch kulturelle Bräuche beeinträchtigt, die eine Frau daran hindern würden, einen Mann respektvoll zu berühren.

Maria Magdalena hatte in ihrem Herzen zweifellos eine tiefe Liebe zu Jesus, aber es gibt keinen Hinweis auf eine Romanze zwischen den beiden. Sie war in Wirklichkeit eine angesehene, privilegierte Frau, die die liebende Gnade des Heilands anzog. Und wir dürfen uns darüber freuen, dass alle, die zu Jesus kommen, in ähnlicher Weise angenommen werden. Nach der Auferstehungsschilderung verschwindet Maria Magdalena von den Seiten des Neuen Testaments, um Jahrhunderte später in der Mythologie okkulter Lehren und in New-Age-Legenden wieder aufzutauchen.

Ich stimme zu, dass die Kirche historisch dafür verantwortlich gemacht werden kann, den Frauen nicht ihren richtigen Platz im christlichen Dienst zugestanden zu haben. Allerdings müssen wir im Buch *Sakrileg* erhobene Behauptungen zurückweisen, Jesus sei »der Ur-Feminist« gewesen, und zwar wegen der Bedeutung dieses Ausdrucks in der heutigen Gesellschaft. Jesus verwarf die kulturellen Tabus, die Frauen in eine wenig achtbare Stellung als Bürger zweiter Klasse im Reich Gottes verwiesen. Die Frauen stehen in der Heiligen Schrift auf einer Stufe mit den Männern, obwohl ihre Rollen unterschiedlich sind.

Es erübrigt sich zu sagen, dass hier nicht der Ort ist, in aktuelle Debatten über die Rolle der Frau in Kirche und Gemeinde einzusteigen. Es soll hier nur betont werden, dass Jesus die Tradition brach und die Frauen auf eine Ebene des Respekts und der Würde mit den Männern hob. Die Tatsache, dass er mit der Sünderin sprach, während er zusammen mit ihr allein am Jakobsbrunnen war, und dass Frauen wie Maria Magdalena eingeladen waren, mit ihm zu reisen, zeigt, dass er bereit war, die gesellschaftlichen Tabus abzulegen und Frauen in seine Einflusssphäre kommen zu lassen.

Maria Magdalena und die gnostischen Evangelien

In dem Buch *Sakrileg* werden wir belehrt, dass die Kirche zur Verheimlichung der Wahrheit über die Ehe Jesu mit Maria Magdalena »die größte Verschleierungsaktion der Menschheitsgeschichte« angezettelt habe. Die Beweise für diese Ehe fänden sich angeblich in den gnostischen Evangelien. Wir haben bereits gesehen, dass diese Evangelien falsch betitelt sind, denn in Wirklichkeit sind sie überhaupt keine »Evangelien«. Nichtsdestoweniger müssen wir uns mit dem beschäftigen, was sie über Jesus und Maria Magdalena zu sagen haben.

Zunächst einmal heißt es im *Evangelium des Philippus*:

> »Die Gefährtin ist Maria aus Magdala. Jesus liebte sie mehr als seine Jünger. Er küsste sie oft aufs Antlitz, öfter als all seine Jünger, und sie sagten: ›Warum liebst du sie mehr als uns?‹ Der Heiland antwortete und sprach zu ihnen: ›Warum liebe ich euch nicht so wie sie? Wenn ein Blinder und einer, der sieht, zusammen in der Finsternis sind, dann sind sie gleich. Wenn das Licht kommt, wird der Sehende Licht sehen. Der Blinde bleibt in der Finsternis.‹«[9]

Man muss wissen, dass aufgrund der geringen Papyrusqualität des Originals ein oder zwei Wörter verloren gegangen sind. Der vorhandene Text sagt: »Er [Jesus] küsste sie oft auf [leer] ...« Die Gelehrten füllen die Leerstelle mit Worten wie *Mund*, *Antlitz* oder *Stirn* usw. Und das, obwohl wir davon ausgehen können, dass der ursprüngliche Text eher gelautet hat »die Hand« oder auch »die Wange«, da hier gesagt wird, dass er auch seine anderen Jünger küsste – vermutlich auf die Wange, wie es im Mittleren Osten auch heute noch geschieht.

Der Bericht sagt – selbst wenn er wahr ist – nichts von einer Ehe. Aber *Sakrileg* erhebt die Behauptung:

»Jeder, der des Aramäischen mächtig ist wird Ihnen bestätigen, dass das Wort *Gefährtin* in jenen Tagen nichts anderes als *Ehefrau* bedeutet hat.«[10] Hier muss darauf hingewiesen werden, dass uns dieser Bericht nicht in aramäischer Sprache, sondern in Koptisch überliefert ist. Darüber hinaus wird das Wort *Gefährtin* in jeder Sprache oft für eine Freundschaftsbeziehung gebraucht, und auf keinen Fall bedeutet das immer eine eheliche Verbindung.

Aber ist der Bericht überhaupt glaubhaft? Ehe wir auf diese Frage antworten, sollten wir uns daran erinnern, dass das *Evangelium des Philippus* von den Gelehrten ins dritte Jahrhundert datiert wird – rund zweihundert Jahre nach der Zeit Jesu. Das ist nicht gerade ein Augenzeugenbericht!

Liest man dieses Evangelium, dann findet man ein weitschweifiges, zusammenhangloses Werk mit abrupten Wechseln in der Thematik. Es beinhaltet Lehren wie: »Es gibt viele Tiere in der Welt, die menschliche Form tragen.« Dort wird auch gesagt: »Winter ist die Welt, Sommer das andere Reich. Es ist falsch, im Winter zu beten.« Und wenn Sie noch mehr von dieser Art Weisheit wollen, dann lesen Sie dies:

> »Gott ist ein Färber. Wie die guten Färbungen, welche die ›wahren‹ genannt werden, sich auflösen in den Dingen, die mit ihnen gefärbt sind, so verhält es sich mit den Dingen, die Gott gefärbt hat.
> Seine Färbungen sind unvergänglich wegen ihrer Farben. Was Gott eintaucht, das taucht er in Wasser.«[11]

Die Gnostiker glaubten an zwei Götter und dass der Schöpfergott böse war. Wir lesen: »Die Welt entstand durch einen Irrtum. Der Bevollmächtigte, der sie erschuf, wollte, dass sie unvergänglich und unsterblich sei. Er versagte.«[12] Im weiteren Verlauf des Buches wird Jesus als eines unter vielen Wesen dargestellt, eines, das von Gott ausgestrahlt wurde. Diese Art Texte sind eindeutig in der Absicht verfasst, eine heidnische Philosophie zu vermitteln und nicht, um etwas Zuverlässiges über Jesus zu sagen. Man kann ja schreiben, was man will, wenn man sich nicht mit Tatsachen befasst.

Erinnern wir uns: Wir haben nicht den geringsten Anhaltspunkt dafür, wer dieses Evangelium geschrieben hat. Mit absoluter Sicherheit war es nicht der Philippus des Neuen Testamentes, sondern irgendein Pseudo-Autor, der ein Übermaß zusammenhangloser gnostischer Vorstellungen zusammengeschustert hat. Vielleicht schrieb er das, weil im dritten Jahrhundert bereits Legenden über Maria Magdalena im Umlauf waren. Auf jeden Fall konnte jener unbekannte Autor über die Beziehung zwischen Jesus und Maria Magdalena nur spekulieren. Und anscheinend benutzte er diese Spekulationen für seine eigenen Ziele.

Im gnostischen *Evangelium der Maria* wird Maria Magdalena der Empfang einer besonderen Offenbarung Jesu zugeschrieben. Auf Bitten des Petrus erzählt sie den anderen Jüngern von dieser Vision, wie sie Jesus fragte, ob man Visionen durch die Seele oder durch den Geist sieht. Er antwortet ihr: »Man sieht weder durch die Seele, noch durch den Geist. Das Bewusstsein, das zwischen den beiden ist, sieht die Vision.«

Nach einigen ziemlich esoterischen Erläuterungen über die Seele fragt Petrus: »Sprach er wirklich heimlich zu einer Frau, ohne unser Wissen und nicht frei heraus? Müssen wir uns alle umwenden und auf sie hören? Hat er sie uns vorgezogen?« Maria Magdalena beginnt zu weinen und versichert Petrus, dass sie das alles nicht selbst erfunden habe.

An diesem Punkt der Diskussion mischt sich Levi ein und sagt: »Petrus, du bist ständig ein Hitzkopf. Jetzt sehe ich dich mit dieser Frau streiten, als kämpftest du gegen einen Feind. Wenn der Heiland sie gewürdigt hat, wer bist du, sie abzulehnen? Sicherlich kennt der Heiland sie sehr gut, weil er sie mehr liebte als uns.«[13] Dann wurden die Jünger ermahnt, auszugehen und zu predigen, was sie auch taten.

Diese Geschichte ist ein weiterer Versuch der Gnostiker, ihren esoterischen Erkenntnislehren für den inneren Kreis der Eingeweihten Legitimität zu verleihen. Dieser Bericht wurde vermutlich aus zwei Gründen mit hineingenommen: Erstens um deutlich zu machen, dass Frauen gestattet sein sollte zu predigen und zweitens, dass persönliche Offenbarungen Gottes denselben Stellenwert haben wie die Lehren der Bischöfe. Maria Magdalena, die in den kanonischen Evangelien als erste Zeugin der Auferstehung bevorzugt erscheint, war die natürliche Wahl für diesen Dialog.

Selbst wenn diese Berichte der gnostischen Evangelien zutreffend wären, ist es immer noch übertrieben zu sagen, Maria Magdalena habe eine romantische Beziehung zu Jesus gehabt, geschweige denn, sie sei mit ihm verheiratet gewesen. In diesem Punkt wie in so vielen anderen gründet *Sakrileg* seine Schlussfolgerungen auf pure Fantasie in der Hoffnung, dass leichtgläubige Leser ihnen Glauben schenken.

Zahlreiche Streitfragen entspannen sich um die Bruderschaft von Sion, die offenbar im Jahr 1099 gegründet wurde. Obgleich wir nicht wissen, welche Gerüchte in jener Zeit im Umlauf waren, kennen wir keinen Augenzeugenbericht, der uns einen Beweis für die Ehe von Jesus mit Maria Magdalena liefern könnte. Und es ist völlig unwahrscheinlich dass das Opus Dei, gegründet im Jahr 1928, irgendetwas mit dem angeblich auf die Bruderschaft ausgeübten Druck zu tun haben könnte, das Geheimnis zu verschleiern. Als Roman mag es funktionieren; als Geschichte ist es ein Kartenhaus, das beim leisesten Hauch der Tatsachen zusammenstürzt.

Maria Magdalena und die Legenden

Die Templer-Offenbarung legt im Detail dar, dass Jesus und Maria Magdalena miteinander verheiratet oder zumindest Sexualpartner waren. Zur Vorbereitung ihres Buches besuchten die Autoren Wallfahrtsorte in Südfrankreich, wo im neunten Jahrhundert Legenden über Maria Magdalena entstanden. Es ist das Ziel ihres Buches, dieses Volkstum auszuwerten und seine Zuverlässigkeit zu beweisen. Dabei haben sie es darauf abgesehen, die traditionelle Lehre des Neuen Testaments über Jesus zu zerstören.

Bei ihren Reisen entdeckten die Autoren, dass Legenden über Maria Magdalena mit der heidnischen

Göttin Isis und dem Mutter-Kind-Kult in Verbindung stehen, der um Maria, die Mutter Jesu, getrieben wird. Darüber hinaus findet man überall dort, wo es Wallfahrtsorte in Verbindung mit Maria Magdalena gibt, auch Kirchen, die Johannes dem Täufer geweiht sind, und Legenden über ihn. Die Autoren behaupten, Johannes habe sich in Wirklichkeit nicht der Autorität Jesu unterstellt, wie das Neue Testament berichtet. Vielmehr sei Jesus ein Jünger des Johannes gewesen. Und Johannes gesalbter Nachfolger sei in Wirklichkeit der gnostische Sexualmagier Simon der Große gewesen, der in der Apostelgeschichte erwähnt wird (8,9-25)!

Wenn Sie immer noch nicht genug gehört haben, dann könnte es Sie überraschen, Folgendes zu erfahren. Manche behaupten, Jesus, Johannes der Täufer und Maria Magdalena hätten allesamt über die »gnostische Erkenntnis des Göttlichen« verfügt; sie hätten Menschen getauft und sie so in »die antike okkulte Tradition« eingeführt. Die Wunder Simons des Großen seien wie die Wunder Jesu ein wesentlicher Teil dieser religiösen Praktiken gewesen. »Im Mittelpunkt dieser Bewegung stand das Ritual, von der ersten Taufe bis zum Inkrafttreten der ägyptischen Mysterien. Aber die höchste Weihe kam durch sexuelle Ekstase.«[14]

Wenn man erstaunt nach den Quellen der Autoren fragt, muss man sich klar machen, dass sie alle Legenden und okkulten Praktiken der antiken Epoche gesammelt und dann die Berichte des Neuen Testaments im fahlen Licht dieser esoterischen Mythologien neu interpretiert haben. Daher sollte es uns nicht überraschen, dass selbst Jesus sich als Sohn einer

Göttin darstellt, und dass die Salbung Jesu durch Maria von Bethanien (die Autoren halten sie für Maria Magdalena) ein von einer Priesterin durchgeführtes sexuelles Ritual war. »Die Salbung Jesu war ein heidnisches Ritual: Die Frau, die es zelebrierte – Maria von Bethanien –, war eine Priesterin. Setzt man dieses Szenario voraus, ist es mehr als wahrscheinlich, dass ihre Rolle im inneren Kreis Jesu die einer sexuellen Einweihungspriesterin war.«[15]

Alle Christen sollten entsetzt sein über solche Behauptungen! Aber wenn man Mythologien einmal den Stellenwert von Geschichte verliehen hat und erfundene Fakten mit nicht zusammenhängenden Ereignissen verbindet, dann kann man den Schilderungen der Vergangenheit jede gewünschte Wendung geben. Dann kann man hingehen und einfach sagen, die Kirche habe die wirkliche »Wahrheit« aus der Bibel verbannt – dies habe sie getan, weil sie stets Sexualfeindlichkeit und die Unterdrückung der Frau bevorzugt habe. Die machthungrige, geldliebende Kirche habe immer der männlichen Vorherrschaft und strenger Kontrolle den Vorzug gegeben und die göttliche Weiblichkeit kurzerhand verworfen.

Es ist unglaublich, wie okkulte Autoren das Neue Testament verdrehen und zu einem okkulten Dokument machen können! Die wahren Schriften, die uns zu einem Leben in Heiligkeit und Reinheit aufrufen, werden dazu verbogen und benutzt, eine unmoralische heidnische Legende zu bestätigen. Man stelle sich vor: Jener Jesus, der sagte: *»Jeder, der eine Frau ansieht, sie zu begehren, hat schon Ehebruch mit ihr begangen* *in seinem Herzen«* (Mt 5,28), dieser Jesus billigt ein okkultes sexuelles Ritual und nimmt aktiv daran teil!

In den heidnischen Religionen sind immer sexuelle Rituale praktiziert worden, sowohl in antiken wie in modernen Zeiten. Aber die Vorstellung, dies sei der Weg zur Heiligkeit, oder durch solche Handlungen kämen wir in Verbindung mit Gott, ist genau die Art von Lehren, die von Jesus und von den neutestamentlichen Autoren entlarvt werden. Sie warnen vor solchen Praktiken, die die Heiligkeit der Ehe und die moralische Reinheit verletzen, die von einem Christen erwartet wird. *»Denn dies sollt ihr wissen und erkennen, dass kein Unzüchtiger oder Unreiner oder Habsüchtiger – er ist ein Götzendiener – ein Erbteil hat in dem Reich Christi und Gottes. Niemand verführe euch mit leeren Worten!«* (Eph 5,5-6). Wie wir in einem späteren Kapitel sehen werden, kommen wir durch Christus in geistliche Verbindung mit Gott, nicht durch sexuelle Ekstase.

Wir begreifen, warum Irenäus im zweiten Jahrhundert den Umgang der Gnostiker seiner Zeit mit der Bibel anprangerte. Dabei sagte er, Gnostizismus sei so, als nehme man das wunderschöne Portrait eines Königs und gestalte es um in das Bild eines Fuchses. Es verwundert auch nicht, dass Petrus über die falschen Lehrer schrieb: *»Viele werden ihren Ausschweifungen nachfolgen, um derentwillen der Weg der Wahrheit verlästert werden wird. Und aus Habsucht werden sie euch mit betrügerischen Worten kaufen«* (2Petr 2,2-3).

Wie es damals war, so ist es auch heute!

Jesus und die Ehe

Könnte Jesus verheiratet gewesen sein?

Dan Brown sagt, zur Zeit Jesu sei es äußerst selten vorgekommen, dass ein Mann nicht verheiratet war. Und er behauptet, da Jesus Mensch war, hätte er auch sexuelle Intimität und weibliche Gemeinschaft begehrt. Das heißt jedoch nicht, dass er verheiratet war. Wir wissen, dass neutestamentliche Autoren wie Matthäus und Johannes, die Jesus bestens kannten, keinerlei Hinweis auf eine Ehe liefern. Hätte es sie wirklich gegeben, wäre sie mit Sicherheit erwähnt worden.

Spekulieren wir einmal darüber, dass Jesus verheiratet gewesen sein könnte, da die Ehe *»ehrbar und unbefleckt«* ist. Da er ein Mensch war – in Wirklichkeit sogar ein sündloser Mensch –, können wir unterstellen, er könnte geheiratet haben. Weil er allerdings sowohl eine menschliche wie auch eine göttliche Natur hatte, müssen wir bekennen: Es ist undenkbar dass sich Jesus, der Gott-Mensch, in der intimsten menschlich-körperlichen Vereinigung mit einem sündigen Menschen verbindet. Hätte er wirklich geheiratet, dann wahrscheinlich nur eine Frau, die ebenso heilig gewesen wäre wie er selbst. Das schränkte natürlich wesentlich seine Möglichkeiten ein!

Sicher, eines Tages wird Jesus vermählt sein. Wir alle erwarten seine künftige Hochzeit. Jesus ist jetzt mit uns verlobt, mit der Gemeinde – seiner Braut. Er hätte auf der Erde nicht in dem Wissen geheiratet, dass seine künftige Hochzeit im Himmel sein wird. An diesem Tag werden wir gemeinsam mit Maria Magdalena zum Hochzeitsmahl des Lammes geladen sein, wo die Ehe vollzogen wird – nicht in einer sexuellen körperlichen Vereinigung, sondern in der denkbar gesegnetsten und intimsten Gemeinschaft. Ja – Jesus wird verheiratet sein; nicht mit einer Frau, sondern mit uns allen, die wir zusammen die Braut Christi sind.

> *»Lasst uns fröhlich sein und frohlocken und ihm die Ehre geben; denn die Hochzeit des Lammes ist gekommen, und sein Weib hat sich bereit gemacht. Und ihr wurde gegeben, dass sie sich kleide in feine Leinwand, glänzend, rein; denn die feine Leinwand sind die gerechten Taten der Heiligen. Und er spricht zu mir: Schreibe: Glückselig, die geladen sind zum Hochzeitsmahl des Lammes!«* (Offb 19,7-9).

Aus dieser größeren Perspektive betrachtet, war Jesu Ehelosigkeit so notwendig wie angemessen.

Die Einladung, bei dieser Hochzeit dabei zu sein, kommt nicht von dem gnostischen Jesus, sondern vielmehr von dem Jesus, der König der Könige und Herr der Herren ist. *»Darum hat Gott ihn auch hoch erhoben und ihm den Namen verliehen, der über jeden Namen ist, damit in dem Namen Jesu jedes Knie sich beuge, der Himmlischen und Irdischen und Unterirdischen, und jede Zunge bekenne, dass Jesus Christus Herr ist, zur Ehre Gottes, des Vaters«* (Phil 2,9-11).

Nur jene, die seine Einladung annehmen, werden versammelt werden, um sich bei dem Fest zu erfreuen.

KAPITEL 4

Der ‚Da Vinci Code'

Aus der Bibel verbannt! Warum?

»Die Bibel ist das Erzeugnis von Menschen, meine Liebe, und nicht von Gott«, sagt Sir Leigh Teabing in *Sakrileg*. Die Bibel »ist nicht auf wundersame Weise irgendwann einmal fertig vom Himmel gefallen. Die Menschen haben sie als Chronik eines dramatischen Zeitgeschehens geschaffen. Die Heilige Schrift hat sich angesichts zahlloser Hinzufügungen, Korrekturen und Neuübersetzungen verändert und fortentwickelt. Es hat nie eine endgültige Version des Buches der Bücher gegeben.«[1]

Ja, es ist wahr – die Bibel fiel nicht auf magische Weise aus den Wolken. Und es ist auch wahr, dass die Bibel vor einem gegebenen historischen Hintergrund geschrieben wurde, oftmals in unruhigen Zeiten. Aber es gibt ebenso kraftvolle Beweise dafür, dass die Bibel mehr ist als ein von Menschen geschriebenes Buch –

sie ist ein Buch, das von Menschen verfasst wurde, die von Gott inspiriert waren. Wir haben allen Grund zu glauben, dass die Bibel über alles, was sie lehrt, auch zuverlässig informiert. Jedem Interessierten steht es frei, diese Gründe zu untersuchen und die Wahrheit zu finden.[2]

Dieses Kapitel wird uns allerdings in eine etwas andere Richtung führen. Hier werden wir uns mit folgenden Fragen beschäftigen: Auf welcher Grundlage wurden einige Bücher in den Kanon hineingenommen und andere ausgeschlossen? Ist es wahr, dass – wie *Sakrileg* behauptet – die gnostischen Evangelien von Menschen verworfen wurden, die die Kirche von einer matriarchalischen zu einer patriarchalischen Gemeinschaft umgestalten wollten? Ist es wahr, dass einige Bücher aufgrund einer ungerechtfertigten Zensur aus dem Kanon ausgeschlossen wurden?

Weihnachten 2003 sendete der *History Channel*[3] einen zweistündigen Bericht mit dem Titel *Aus der Bibel verbannt.* In der Sendung wurde über die zahlreichen Bücher diskutiert, die zu neutestamentlicher Zeit verfasst, aber aus dem biblischen Kanon ausgeschlossen worden waren. Dabei wurde deutlich der Eindruck erweckt, dass einige Bücher nur deshalb ausgeschlossen wurden, weil sie feministisch waren – oder zu schlüpfrig, um sie mit hineinzunehmen. Die Dokumentation deutete auch an, dass zumindest ein paar dieser Bücher eine hilfreiche Erweiterung der Heiligen Schrift sein könnten, wenn man sie in den Kanon aufgenommen hätte. Tatsächlich wurde in der Sendung die folgende Behauptung aufgestellt: Da die Bibel ein menschliches Buch sei, seien auch ihre einzelnen Schriften durch mächtige Personen zugelassen oder ausgeschlossen worden – aus religiösen und aus politischen Gründen.

An diesem Punkt müssen wir klarstellen, dass es zwei Gruppen von Büchern gibt, die nicht in den Kanon mit hineingenommen wurden. Die erste Gruppe besteht aus den gnostischen Evangelien, die wir bereits in einigen Einzelheiten betrachtet haben. Aber der *History Channel* bezog sich hierbei hauptsächlich auf eine zweite Gruppe von Büchern, die seit Jahrhunderten bekannt und jedermann zugänglich sind, der sie lesen will. Das sind die apokryphen Schriften, die aus uralten Zeiten stammen, aber unbedingt von den hinzugefügten Büchern unterschieden werden müssen, die wir in der katholischen Bibel finden.

Einige dieser »verbannten Bücher« lehren, dass

- ... Jesus als Knabe ein Kind getötet habe, indem er es vom flachen Dach herabstieß. Angeklagt, habe er seine Kraft benutzt, um es aus den Toten aufzuerwecken. Anscheinend habe Jesus überhaupt seine Kräfte zu spitzbübischen Streichen eingesetzt, bis er erwachsen war, und erst dann seine göttliche Kraft gebraucht, um Gutes zu tun.
- ... Adam nach dem Sündenfall für sich selbst und für Eva einen Plan ersonnen habe, in den Garten Eden zurückzukehren. Dazu mussten die beiden in verschiedenen Flüssen stehen. Er habe für vierzig Tage im Jordan gestanden und Eva als die Schwächere sollte für vierunddreißig Tage im Tigris

stehen. Aber der Teufel sei ihr wiederum erschienen, und am achtzehnten Tag sei sie aus dem Wasser gestiegen, habe so Adams Plan ruiniert und sich so sein tiefstes Missvergnügen zugezogen.
- ... Lästerer in der Hölle an ihrer Zunge aufgehängt werden und Ehebrecher an ihren Genitalien. Wenn Menschen jedoch Gott um Befreiung für sie bäten, würde die ganze Hölle geleert. Wobei dies allerdings niemand wissen könne, denn wenn sie es wüssten, würden sie noch mehr sündigen.

Sicher wurden auch andere Bücher, die mehr Einklang mit der Bibel aufwiesen, nicht in den Kanon integriert. Es waren Dutzende von Schriften im Umlauf, als das Neue Testament zusammengestellt wurde, und viele von ihnen behaupteten, alternative Geschichten über Jesus zu berichten. Ein paar von ihnen waren sogar für den neutestamentlichen Kanon ins Auge gefasst worden.

In der Sendung *Aus der Bibel verbannt* wurde auch angedeutet, dass erst nach Konstantins Bekehrung zum Christentum ernsthafte Anstrengungen unternommen wurden, ein Neues Testament zusammenzustellen. Und es wurde behauptet, es habe nach dem Konzil zu Nizäa weitere vierzig Jahre (367) gedauert, die siebenundzwanzig Bücher des Neuen Testaments für die Kirche zu kanonisieren. Die Sendung vermittelte den Eindruck, die christliche Kirche habe Hunderte von Jahren keine Einigung über den Kanon erzielt.

Wie viel davon ist wahr und wie viel wurde verdreht und verbogen, um in ein Raster populärer Vorstellungen über das Wesen der Bibel und den Kanonisierungsprozess zu passen? Werfen wir einen kurzen Blick auf die aus der Bibel »verbannten« Bücher und diskutieren anschließend, wie der Kanon wirklich zustande kam.

Die verbannten Bücher

Die aus der Bibel ausgeschlossenen Bücher wurden von der frühen Kirche als pseudo-epigraphisch betrachtet, das heißt als Fälschungen, die die frühen Kirchenväter als Märchen betrachteten, ausgebrütet durch eine blühende Phantasie. Die Geschichte zeigt, dass sich solche Legenden immer um berühmte Gestalten ranken, und es sollte uns nicht überraschen, dass manche Leute mit Jesus einen Aberglauben verbinden, der in der Wirklichkeit keine Grundlage hat. Die Geschichten in diesen Büchern erzählen Ereignisse aus der Kindheit Jesu oder über die unterschiedlichen Vorstellungen von der Hölle und dergleichen mehr. Anders als die gnostischen Evangelien waren diese Legenden seit der Antike bekannt.

Die Frage reduziert sich auf Folgendes: Warum wurden einige Bücher in den Kanon aufgenommen, und warum wurden andere verworfen? Am wichtigsten: Wer traf die entsprechenden Entscheidungen und wann wurden sie getroffen? Ist es wahr, dass es bis vierzig Jahre nach der Zeit Konstantins keinen übereinstimmenden Kanon gab? Und sollten wir den Kanon als ein offenes Dokument betrachten, das heißt, ist irgendjemand berechtigt dazu, andere Bücher in die Heilige Schrift mit hinein zu nehmen?

Die Entwicklung des Kanons

Die Bibel ist eine bemerkenswerte Bibliothek von sechsundsechzig Büchern, vereint durch ein gemeinsames Thema. Wie bei einem Gobelin wird hier die Geschichte der Erlösung der menschlichen Rasse durch Gott zu einer Einheit gewoben. Dass diese Bücher gesammelt, aufeinander abgestimmt und als Wort Gottes angenommen wurden, ist in sich selbst ein Wunder der Vorsehung Gottes. Eine Skizzierung des großen Bildes wird uns helfen, die Einzelheiten perspektivisch richtig zu sehen.

Viele Leute glauben, dass die Entscheidung, welche Bücher in die Bibel hineingenommen und welche ausgeschlossen werden sollten, durch ein Kirchenkonzil getroffen wurde. Ein Konzil, das sich hinter verschlossenen Türen versammelte und den Wert jedes Buches debattierte – manche wurden verworfen, manche bestätigt. Andere stellen sich vor, dass diese Bücher »einfach so« gesammelt wurden – ohne besondere Kriterien, durch die sie der Heiligen Schrift würdig beurteilt werden konnten. Wieder andere meinen, die Entscheidung sei auf der Grundlage einer willkürlichen Zensur getroffen worden, wie im Buch *Sakrileg* versichert wird.

Fassen wir zunächst kurz zusammen, wie die Bücher des Alten Testamentes zusammengestellt wurden. Das wird uns ein Muster liefern, das sich bei der Diskussion über den Kanon des Neuen Testaments als hilfreich erweisen wird.

Das Alte Testament

Wenn Gott zur Niederschrift eines Manuskripts bevollmächtigte und das Volk Gottes dieses Manuskript als bevollmächtigt erkannte, dann wurde es aufbewahrt. Zum Beispiel schrieb Mose *»alle Worte des Herrn«* auf (2Mo 24,4), und diese Schriften wurden sorgfältig in der Bundeslade verwahrt (5Mo 31,26); so auch die Schriften Josuas (Jos 24,26) und Samuels: Er *»schrieb es in ein Buch und legte es vor den Herrn nieder«* (1Sam 10,25). Dasselbe ist über die Bücher Jeremia und Daniel zu sagen (Dan 9,2).

Die Zahl der Bücher nahm mit der Zeit logischerweise zu, und nachfolgende Generationen achteten sie als Wort Gottes. Esra zum Beispiel besaß eine Abschrift vom Gesetz Moses und von den Propheten (Neh 9,14.26-30). Dieses Gesetz wurde gelesen und als Wort Gottes verehrt.

Nicht alle religiöse Literatur der Juden wurde als Teil des inspirierten Wortes Gottes betrachtet. Da gab es beispielsweise das Buch *Jashar* (Jos 10,13), ebenso das Buch der *Kriege des Herrn* (4Mo 21,14) und andere (1Kö 11,41). Diese Bücher überstanden die Jahrhunderte nicht, und so wissen wir nichts über ihren Inhalt.

Da der Umfang des Kanons wuchs, umschrieb man ihn oft mit dem Begriff *»Mose und die Propheten«*. Später bezog man sich darauf unter der Bezeichnung *»Das Gesetz, die Propheten und die Schriften«* (oder »die Psalmen«). Jesus selbst verwandte diese Dreiteilung, als er von *»dem Gesetz Moses und den Propheten und Psalmen«* sprach (Lk 24,44).

Um fair zu bleiben, müssen wir hier erwähnen, dass die Zugehörigkeit von fünf Büchern zum Kanon des Alten Testamentes zum einen oder anderen Zeitpunkt fraglich war, und zwar in jedem einzelnen Fall aus anderen Gründen. Einigen schien das Hohelied Salomos allzu erotisch und der Prediger allzu zweiflerisch. Weil das Buch Ester den Namen Gottes nicht erwähnt, hielten es manche für zu ungeistlich. Einige hielten die Sprüche für fragwürdig, da manche Aussagen sich gegenseitig zu widersprechen schienen. Und schließlich meinten manche jüdische Gelehrte, Hesekiel sei antimosaisch, und seine Visionen tendierten ihrer Ansicht nach zum Gnostizismus.

Ungeachtet dieser Einwände stellten die meisten jüdischen Gelehrten diese Bücher nicht in Frage. Sie wurden bald nach ihrer Niederschrift als kanonisch betrachtet, und wenn sie richtig ausgelegt werden, stehen sie in völliger Übereinstimmung mit den anderen Büchern des Alten Testaments. Die Jahrhunderte haben erwiesen, dass es weise war, sie in den biblischen Kanon aufzunehmen.

Soweit wir wissen, stimmten die Juden allgemein darin überein, dass der Kanon des Alten Testamentes um 400 v. Chr. mit dem Propheten Maleachi abgeschlossen war. In der Tat wird die Epoche zwischen Altem und Neuem Testament oft als »die vierhundert stillen Jahre« bezeichnet. In dieser Zeit sprach Gott nicht direkt zu seinem Volk, und kein Wort von ihm wurde niedergeschrieben.

Was können wir sicher wissen? Zunächst wissen wir, dass unser Altes Testament sich auf den hebräischen alttestamentlichen Kanon gründet, der von den Juden anerkannt wurde. Zweitens ist dies derselbe Kanon, den Jesus bestätigte, wenn er auf das Alte Testament als unverbrüchliches Wort Gottes Bezug nahm. Aufgrund seines Einverständnisses mit diesen Büchern können wir sicher sein, dass der Kanon des Alten Testaments zuverlässig und abgeschlossen ist.[4]

In diesem Prozess erkennen wir die Fürsorge Gottes. Diese alttestamentlichen Bücher wurden vom Volk Gottes ohne die Hilfe eines Konzils ausgewählt, das den Wert jedes Buches hätte diskutieren können. Die Führer des Volkes, die für das geistliche Leben Israels verantwortlich waren, bestimmten unter der Leitung des Heiligen Geistes, welche Bücher in das Alte Testament hineingehörten. Während es sicher hier und da Meinungsunterschiede gab, lagen diese Entscheidungen niemals in der Hand eines gewählten Komitees.

Im Jahr 90 n.Chr. kam in Jamnia tatsächlich ein Konzil zusammen, und der Kanon des Alten Testamentes stand auf seiner Tagesordnung. Aber es wurden lediglich Bücher bestätigt, die die Juden fünf Jahrhunderte zuvor als kanonisch akzeptiert hatten. Die echten Bücher hatten ihren Wert erwiesen; die Spreu war vom Weizen getrennt worden.

Der Kanon des Neuen Testaments

Die gleiche Autorität, die wir bei der Zusammenstellung des AT-Kanons erkennen, ist den Autoren des Neuen Testaments beizumessen. Ihre Autorität zeigt sich nicht in menschlicher Großartigkeit oder in atemberaubenden Spekulationen, sie wurzelt im Wesen Gottes. Paulus konnte den Gläubigen in Korinth mitteilen, dass das, was er ihnen schrieb, *»ein Gebot des Herrn ist«* (1Kor 14,37).

Jesus beauftragte seine Jünger, die Wahrheit, die er sie gelehrt hatte, weiterzugeben: *»Dies habe ich zu euch geredet, während ich bei euch weile. Der Beistand aber, der Heilige Geist, den der Vater senden wird in meinem Namen, der wird euch alles lehren und euch an alles erinnern, was ich euch gesagt habe«* (Joh 14,25-26). Natürlich müssen wir uns darüber im Klaren sein, dass die frühe Gemeinde keine zentrale Anbetungsstätte besaß, wo sie die Bücher hätte aufbewahren können, wie es die Juden im Tempel taten. Das Christentum verbreitete sich über die Grenzen des Judentums hinaus und wurde zu einer internationalen Religion; es gab keine besondere Örtlichkeit, die als zentraler Sitz der Autorität hätte dienen können. Die Verfolgung jagte die Gemeinde in alle Richtungen.

Die Bücher des Neuen Testaments wurden in der zweiten Hälfte des ersten Jahrhunderts geschrieben. Die meisten von ihnen waren Briefe an Ortsgemeinden (die Mehrheit der Paulusbriefe richteten sich an Gemeinden in Städten wie Ephesus, Philippi usw.), und einige waren an Einzelpersonen gerichtet. Andere

Bücher, von verschiedenen Personen verfasst, wurden für ein breiteres Publikum im Osten Kleinasiens (1Petr), im westlichen Kleinasien (Offb) und sogar in Europa (Röm) geschrieben.

Bei einer derartigen geographischen Unterschiedlichkeit von Ursprung und Bestimmung ist verständlich, dass nicht alle Gemeinden sofort Kopien dieser verschiedenen Briefe haben konnten. Aufgrund von Einschränkungen des Nachrichten- und des Reiseverkehrs verging geraume Zeit, ehe die Zahl der Bücher schließlich ausgemacht war, die als zuverlässig betrachtet wurden.

Offenbar war den frühen Gläubigen ein Prozess der Auslese und der Prüfung wichtig. Und solange die Apostel noch lebten, konnte auch alles nachgeprüft werden (Lk 1,2; Apg 1,21-22). Beispielsweise konnte Johannes sagen: *»Das Leben ist geoffenbart worden, und wir haben gesehen und bezeugen und verkündigen euch das ewige Leben, das bei dem Vater war und uns geoffenbart worden ist; was wir gesehen und gehört haben, verkündigen wir auch euch«* (1Jo 1,2-3). Petrus versicherte uns, ein Augenzeuge der Verklärung gewesen zu sein, und seine Beschreibung gründete sich auf Beweismittel aus erster Hand (2Petr 1,16-18). Die apostolische Autorität war die letzte anzurufende Instanz.

Geradeso, wie dem alttestamentlichen Kanon Bücher hinzugefügt wurden, so erlangten auch die verschiedenen Bücher des Neuen Testaments nach und nach Anerkennung, so, wie sie geschrieben wurden und in Umlauf kamen. Seit frühester Zeit hatte die Kirche einen tatsächlichen Kanon; das heißt, *einige*

Bücher wurden als zuverlässig anerkannt, als andere noch gar nicht geschrieben waren.

Paulus gebot den Thessalonichern: *»Ich beschwöre euch bei dem Herrn, dass der Brief allen Brüdern vorgelesen werde«* (1Thes 5,27). Und an die Kolosser schrieb er: *»Wenn der Brief bei euch gelesen ist, so veranlasst, dass er auch in der Gemeinde der Laodizeer gelesen werde und dass auch ihr den aus Laodizea lest«* (Kol 4,16). Johannes verhieß Segen für alle die zuhörten, wenn das Buch der Offenbarung gelesen würde (Offb 1,3). Ganz klar – die apostolischen Briefe galten der gesamten Kirche. Es handelte sich um eine Art zirkulierender Denkschriften, die an Zahl ständig zunahmen.

Dass einige Bücher schon bald nach ihrer Abfassung als Heilige Schrift anerkannt wurden, bestätigen die Worte des Petrus. Er besaß eine Sammlung der Briefe des Paulus und betrachtete sie als Heilige Schrift. Hören wir auf dieses höchst erstaunliche Bekenntnis der geistlichen Autorität des Paulus. Petrus schrieb: *»Achtet die Langmut unseres Herrn für Errettung, wie auch unser geliebter Bruder Paulus nach der ihm gegebenen Weisheit euch geschrieben hat, wie auch in allen Briefen, wenn er in ihnen von diesen Dingen redet. In diesen* [Briefen] *ist einiges schwer zu verstehen, was die Unwissenden und Unbefestigten verdrehen wie auch die übrigen Schriften zu ihrem eigenen Verderben«* (2Petr 3,15-16). Die Briefe des Paulus wurden nahezu unmittelbar als zuverlässige Heilige Schrift anerkannt.

Andere Bücher erfreuten sich ähnlicher Akzeptanz. Judas 17-18 wurde von Petrus zitiert (2Petr 3,3); in 1.Timotheus 5,18 zitiert Paulus das Lukasevangelium als Heilige Schrift (Lk 10,7). Offenbar erkannten die Gläubigen der frühen Kirche eine wachsende Zahl von Schriften als inspiriertes Wort Gottes an. Am Ende des ersten Jahrhunderts wurden mehr als zwei Drittel unseres heutigen Neuen Testaments als inspiriert erachtet. Die übrigen Bücher waren bekannt und wurden für zuverlässig gehalten, auch wenn sie noch keine weite Verbreitung gefunden hatten.

Ja, es gab auch einige Unstimmigkeiten. Der Hebräerbrief schien einigen verdächtig, weil die Autorschaft des Buches unbekannt ist. Einige bezweifelten, dass Petrus den zweiten Petrusbrief geschrieben habe, und wiesen ihn einem unbekannten Autor zu, der sein Material bei Judas entliehen habe. Die Offenbarung fehlt auf einigen frühen kanonischen Listen möglicherweise deshalb, weil sie mancherorts noch unbekannt war.

Als 135 ein Häretiker namens Marcion im Widerspruch zu den christlichen Schriften mit seiner eigenen Version der Heiligen Schrift an die Öffentlichkeit trat, sah sich die frühe Kirche gezwungen festzulegen, welche Bücher sie als zuverlässig betrachtete. Marcion war ein glühender Antisemit und widersetzte sich dem biblischen Gesetz. Er glaubte, der Gott des Alten Testaments sei ein anderer als der des Neuen Testaments. Folglich tilgte er das Alte Testament und wählte für sein Neues Testament nur jene Bücher aus, die sein Gefallen fanden. Die Kirche musste reagieren und erklären, welche Bücher maßgebend waren.

Ein auf das Jahr 175 datiertes Dokument mit der Bezeichnung *Muratorisches Fragment* bewertet die verschiedenen kanonischen Bücher parallel zu jenen, die von der Kirche verworfen wurden. Unglücklicherweise ist diese alte Handschrift nur sehr fragmentarisch. Aber wenn auch Teile des Dokuments verloren gegangen sind, können die Gelehrten dennoch eine Liste von dreiundzwanzig unserer gegenwärtigen siebenundzwanzig Bücher des NT identifizieren. Das Dokument listet auch einige angeblich dem Apostel Paulus zuzurechnende Fälschungen auf. Hinsichtlich solcher unechter Schriften stellt der Autor fest, dass diese Bücher nicht Eingang in die Kirche finden könnten, »denn es ist unpassend, Gift unter Honig zu mischen«[5]. Solche Schriften wurden nicht erst aus der Bibel verbannt; sie wurden beiseite gekehrt, sobald man sie als Fälschungen erkannte.

Von einigen wenigen Büchern könnte man berechtigterweise sagen, sie seien aus der Bibel verbannt worden; etwa der *Hirte des Hermas*, ein Buch, das von einigen Gemeinden als kanonisch akzeptiert aber schließlich verworfen wurde, weil es zu spät geschrieben war und weil seine Theologie den anderen Schriften des Kanons widersprach. Das Buch lehrt, dass wir nicht errettet werden können, wenn wir unsere Sünden mehren, und dass wir nur eine einzige Chance zur Buße haben. Wir dürfen dankbar sein, dass der *Hirte des Hermas* nicht zur Heiligen Schrift gehört! Einige meinten auch, der *Barnabasbrief* und ein Dokument, das wir unter dem Namen *Didache* (die Lehren der Apostel) kennen, sollten zum Kanon gehören. Diese und andere nichtkanonische Bücher wurden in einigen Gemeinden gelesen.

Der Kanon ist abgeschlossen

Was hat es mit der Behauptung auf sich, die Liste der neutestamentlichen Bücher sei erst vierzig Jahre nach dem Konzil zu Nizäa abgeschlossen worden, das 325 stattfand? Es ist wahr, dass die vollständige Liste unserer siebenundzwanzig anerkannten Bücher zum ersten Mal im Jahr 367 im Osterbrief des Athanasius erschien. Aber – und das ist überaus wichtig – zu dieser Zeit war dieser Kanon von siebenundzwanzig Büchern mit einigen Varianten bereits mehr als 250 Jahre lang als Richtschnur der Kirche in Kraft!

Im ersten Kapitel erfuhren wir, dass Konstantin nicht entschied, welche Bücher zum Kanon gehören sollten. In Wirklichkeit kam das Thema des Kanons auf dem Konzil zu Nizäa überhaupt nicht zur Sprache. Zu jener Zeit las die frühe Kirche aus einem Kanon von Büchern, den sie zweihundert Jahre früher als Wort Gottes anerkannt hatte.

Was Konstantin allerdings tat, war die Beauftragung des Historikers Eusebius von Cäsaräa, fünfzig Bibeln anzufertigen – von geübten Schreibern auf gutes Pergament geschrieben – für den Gebrauch in den Gemeinden in Konstantinopel. Wir würden uns wünschen, diese Bibeln zu haben, denn dann könnten wir prüfen, welche Bücher des Neuen Testaments in diesen Bänden enthalten waren.

Auch wenn wir keine Exemplare dieser Bibeln mehr besitzen, haben wir doch immerhin allen Grund zu glauben, dass die darin enthaltenen neutestamentlichen Schriften dieselben waren wie in unserem heutigen Kanon. F. F. Bruce war zwanzig Jahre lang Professor für Theologie an der Universität von Manchester. Er sagte, auch wenn uns nicht überliefert sei, welche Bücher des Neuen Testaments in diesen Bibeln enthalten waren, »steht die Antwort auf diese Frage nicht ernsthaft in Zweifel. Diese Exemplare enthielten all jene Bücher, die Eusebius als allgemein anerkannt auflistet ... kurz gesagt die gleichen siebenundzwanzig Bücher, die auch in unseren heutigen Ausgaben des Neuen Testaments zu finden sind.«[6] Die Richtigkeit dieser Aussage ergibt sich aus dem Schluss, dass Eusebius einfach jene Bücher akzeptierte, die von der Kirche als inspirierte Heilige Schrift anerkannt waren.

Das einzige, was die frühe Kirche tun konnte, war, jene Bücher, die vom Heiligen Geist inspiriert waren, anzuerkennen. Kein Kirchenkonzil hätte einfach Bücher nehmen und mit göttlicher Autorität versehen können. Ein Buch hat entweder innewohnende Autorität, oder es hat sie nicht; es ist von Gott, oder es ist es nicht. Ein von George Washington geschriebener Brief wäre auch dann authentisch, wenn Historiker ihn nicht als solchen anerkennen würden. Und wenn er nicht von ihm geschrieben wäre, dann könnte kein Konzil und keine menschliche Autorität dieses Papier zu einem Brief von George Washington machen. Alles, was die frühe Kirche tun konnte, war festzustellen, ob ein Buch von Gott inspiriert war oder nicht.

Wir dürfen dankbar sein, dass die uns heute vorliegenden siebenundzwanzig Bücher des Neuen Testaments anerkannt wurden, und dass es in der Kirche keine ernsthaften Bemühungen gab, Bücher aus dem

Kanon zu tilgen oder ihm hinzuzufügen. Wir haben allen Grund zu glauben, dass die frühe Kirche richtig erkannte, welche Schriften von Gott kamen und welche nicht. Die Ergebnisse dieses Prozesses wurden nicht künstlich herbeigeführt.

Kriterien für die Anerkennung

Zurückblickend fragen wir, welche Kriterien mussten Bücher erfüllen, um in den Kanon aufgenommen zu werden? Zunächst einmal musste das Buch apostolisch sein, das heißt, es war von einem Apostel geschrieben oder durch einen Apostel beglaubigt. Obwohl Markus kein Apostel war, spiegeln seine Ausführungen seine enge Verbindung mit Petrus wider; Lukas reiste mit Paulus. Das ist einer der Gründe, weshalb der *Hirte des Hermas* verworfen wurde – das Buch war zu spät geschrieben worden, um mit einem Apostel in Verbindung gebracht zu werden.

Das zweite Kriterium war *Übereinstimmung* mit der Richtschnur des Glaubens. Das heißt, die Lehren des Buches mussten mit den alttestamentlichen Propheten und den neutestamentlichen Aposteln in Einklang stehen. Daher wurde der Hebräerbrief, obwohl sein Autor nicht bekannt ist, als inspirierte Darlegung dessen erkannt, wie Jesus das alttestamentliche Gesetz und seine Vorschriften erfüllt hat.

Drittens musste ein Dokument eine weit verbreitete und anhaltende Anerkennung genießen, um in den Kanon aufgenommen zu werden. Hieronymus gibt seine eigene Begründung, weshalb es keine Rolle spielt, wer den Hebräerbrief geschrieben hat: Er ist das Werk eines »Kirchenschreibers« und steht im Einklang mit der Wahrheit der Gemeinden, wo er laufend gelesen und anerkannt wird.[7]

Ich will diesen Punkt nicht überstrapazieren: Die verschiedenen Bücher wurden keinem Konzil oder Komitee anerkannt oder verworfen. Der Prozess war nicht das, was *Sakrileg* als Griff nach der Macht beschreibt. Konzile bestätigten nur, was die Kirche bereits getan hatte: *Kein Konzil und kein Papst bürdeten der Kirche Bücher auf, die nicht bereits vom Volk Gottes anerkannt worden waren.*

Skizzieren wir einmal kurz, wie der Kanon des Neuen Testaments zustande kam:

1. Briefe von Aposteln wurden geschrieben und in den Gemeinden empfangen; Kopien wurden gefertigt und kamen in Umlauf.
2. Es entwickelte sich ein wachsender Bücherbestand, der als inspirierte Heilige Schrift anerkannt wurde. Es gab wichtige Fragen hinsichtlich ihrer Anerkennung: Wurde das Buch von einem Apostel geschrieben oder von jemand, der die Apostel gut kannte und daher den Stempel apostolischer Autorität trug? Stand es in Übereinstimmung mit der anerkannten Lehre?
3. Gegen Ende des ersten Jahrhunderts waren alle siebenundzwanzig Bücher unseres gegenwärtigen Kanons geschrieben und hatten in den Gemeinden Eingang gefunden. Obgleich einige der kanonischen

Listen unvollständig waren, kann das nicht immer als Zurückweisung einiger Bücher gewertet werden. Oft bedeutete es einfach, dass manche Schriften in gewissen Regionen noch unbekannt waren.

4. Als Anhaltspunkt für die Zustimmung und weite Anerkennung der neutestamentlichen Bücher sollten wir festhalten, dass eine Generation nach dem Ende der apostolischen Epoche jedes Buch des Neuen Testaments als durch einige Kirchenväter bestätigt erwähnt wurde.[8]
5. Letzte Zweifel oder Meinungsverschiedenheiten über gewisse Bücher setzten sich bis ins vierte Jahrhundert fort. Soweit die Historiker wissen, erscheint die vollständige Auflistung unserer siebenundzwanzig Bücher erstmals in einem von dem herausragenden Kirchenführer Athanasius geschriebenen Osterbrief im Jahr 367.
6. Die siebenundzwanzig Bücher unseres Neuen Testaments wurden 393 vom Konzil zu Hippo und 397 vom Konzil zu Karthago bestätigt.

Die *Neue katholische Enzyklopädie* stellt fest: »Der Kanon, zweifellos bereits in der apostolischen Ära gegenwärtig, verwirklichte sich nach und nach durch eine Reihe glücklicher Faktoren, die ihn formten und festigten.«[9] Die Konzilien der Kirche hatten keine Erkenntnis und keine Macht, die nicht allgemein allen Christen verfügbar gewesen wären. Es gab keinen politisch konstruierten Kanonisierungs-Prozess.

Könnte sich die Kirche geirrt haben?

In diesem Kapitel haben wir gesehen, wie das Volk Gottes die Zuverlässigkeit gewisser Bücher anerkannte, mit der sie geschrieben wurden. Die Christen beobachteten sorgfältig alles, was die Apostel lehrten und schrieben. Sie glaubten, dass diese Männer, die sie kannten, Bevollmächtigte Christi waren.

Könnte sich aber die Kirche geirrt haben? Wir glauben, es war eine *fehlbare* Kirche, die die Auswahl traf. Eine Auswahl, von der wir glauben, es sei eine *unfehlbare* Liste von Büchern, die unser Neues Testament beinhaltet. Theoretisch könnte die Kirche dabei Irrtümern aufgesessen sein, denn die Kirche ist nicht unfehlbar. Aber es gibt keinen Grund anzunehmen, dass dies geschah. Erstens erhoben keine anderen glaubwürdigen Bücher Anspruch auf die Aufnahme in den neutestamentlichen Kanon. Die gnostischen Bücher, etwa das *Evangelium des Thomas*, scheiterten einfach an den notwendigen Tests für die Aufnahme. Dabei war es nicht das unwichtigste Ergebnis, dass diese Bücher nicht in Übereinstimmung mit den allgemeinen Lehren des Glaubens stehen. Denen, die meinen, hier habe die Kirche geirrt, sage ich: »Legt euren Fall dar ... zeigt mir, welches Buch man hätte zusätzlich aufnehmen sollen, und warum.«

Zweitens zeigen eine Menge vorliegender Belege, dass Gott den Auswahlprozess lenkte, durch den die Kirche Übereinstimmung über die kanonischen Bücher erzielte. Bedenkt man die geographischen Entfernungen, die Einschränkungen der Verkehrswege und die unterschiedlichen Umfelder der Gemeinden, dann ist diese Übereinstimmung bemerkenswert.

Beunruhigt Sie immer noch der Gedanke, dass es eine fehlbare Kirche war, die die Auswahl dessen traf, was wir für eine unfehlbare Heilige Schrift halten? Es sollte Sie nicht überraschen. *Immerhin waren es fehlbare Menschen, die die unfehlbaren Schriften schrieben.* König David im Alten und der Apostel Petrus im Neuen Testament sind Beispiele für Autoren, deren Sünden und Versagen wohlbekannt sind. Doch David verfasste unfehlbare Psalmen und Petrus, der Christus verleugnete, schrieb zwei unfehlbare Briefe. Ebenso konnte eine fehlbare Kirche von Gott geführt werden, eine unfehlbare Bücherliste zusammenzustellen.

Wenn Sie im Zweifel darüber sind, ob nicht noch andere Bücher hätten mit hineingenommen werden sollen, dann möchte ich Sie ermutigen, sich ein wenig Zeit zu nehmen und die gnostischen Evangelien oder die so genannten »verlorenen Bücher« der Bibel zu lesen. Sie werden entdecken, dass sie voller sich widersprechender Lehren sind, voller Aberglaube und törichter Häresien. Dann wenden Sie sich der Heiligen Schrift zu und Sie werden beeindruckt sein – nicht von den Ähnlichkeiten dieser Schriften, sondern von den großen Unterschieden zwischen den biblischen Büchern und jenen falschen Schriften.

Die Heilige Schrift, so sagt man, ist »gottgehaucht«. Weder Kirchenkonzile noch Weisheitsworte haben derartige Autorität. Wir kommen zurück auf die Worte des Paulus: *»Alle Schrift ist von Gott eingegeben und nützlich zur Lehre, zur Überführung, zur Zurechtweisung,* *zur Unterweisung in der Gerechtigkeit, damit der Mensch Gottes vollkommen sei, zu jedem guten Werk völlig zugerüstet«* (2Tim 3,16-17).

Nur wenige auserlesene Bücher erfüllen diesen hohen Standard.

Eine erfolgreiche Suche nach Jesus

»›Wollen Sie mir damit sagen, das Neue Testament beruht Ihrer Meinung nach auf Erfindungen?‹ Langdon lächelte. ›Sophie, in unserer Welt beruht *jeder* Glaube auf Erfindungen.

Das ist ja gerade die Definition von *Glaube:* Etwas als wahr zu akzeptieren, das wir für wahr halten wollen ... etwas, wofür es keinen wissenschaftlichen Beweis geben kann.‹«[1]

Damit wendet sich die Erörterung in *Sakrileg* der angeblichen Existenz Tausender geheimer Dokumente zu, die wissenschaftlich als Beweisstücke dafür dienen sollen, dass das Neue Testament falsche Aussagen enthalte. Überraschenderweise kramt Langdon allerdings nicht einen dokumentarischen Nachweis hervor, der das Christentum vernichten könnte, denn er will nicht den Glauben der Christen umstürzen, noch den irgendeiner anderen Religion.

Er fährt fort: »Wer wirklich in seinem Glauben lebt, weiß ohnehin, dass diese Geschichten Metaphern sind ... Die Allegorien der Religionen sind ins Alltagsbewusstsein eingegangen und helfen Millionen Menschen, mit ihrem Leben besser zurechtzukommen und tugendhafter, aufrichtiger und anständiger zu sein.«[2] Mit anderen Worten: Die Geschichte Jesu ist nicht wahr, aber sie ist hilfreich für das Leben in dieser Welt. Das ist, als wollten wir sagen: Man kann sich an den Blättern erfreuen, auch wenn es überhaupt keine Bäume gibt! Wir werden das im nächsten Kapitel genauer untersuchen.

Ist es denn wahr, dass das Neue Testament auf Fälschungen beruht und dass der christliche Glaube einfach nur anerkennt, was wir »für wahr halten möchten« und was wir »nicht beweisen können«? Wie antworten wir jenen, die uns sagen, das Neue Testament sei unzuverlässig? Wie zuverlässig ist das Beweismaterial des christlichen Glaubens? Sehen Sie Ihren Glauben wanken, wenn Sie lesen, es könnte irgendwo Beweise geben, die das Neue Testament widerlegen?

In diesem Kapitel sollen folgende Fragen Antwort finden: Gibt es gute Gründe dafür, auch weiterhin an den traditionellen Jesus zu glauben, an den Jesus der Glaubensbekenntnisse? Wird das neutestamentliche Bild Jesu durch jüngste Überarbeitungen ernsthaft untergraben, so dass uns das die Freiheit gibt, ihn in ein beliebiges Bild umzuformen, das wir uns von ihm machen möchten?

Das *Jesus-Seminar*

Vielleicht hat keine Gruppe von Gelehrten mehr getan, um das neutestamentliche Bild Christi in Verruf zu bringen, als das *Jesus-Seminar.* Die Teilnehmer treffen sich regelmäßig in Kalifornien, um zu entscheiden, was sie glauben wollen: Was Christus tat oder nicht und was er sagte oder nicht. Sie haben einen phantasievollen Plan ersonnen, wie sie darüber abstimmen: Jeder von ihnen wirft eine Plastikperle in einen Eimer. Die Farbe der Perle zeigt an, was der Gelehrte meint. Rot bedeutet: »Das ist Jesus!«; rosa: »Das klingt sicher nach Jesus«; grau: »Nun ja, könnte sein« und schwarz:: »Hier liegt ein Missverständnis vor.«

Sie kommen zu dem Schluss, dass nur etwa achtzehn Prozent der Worte, die Jesus im Neuen Testament zugeschrieben werden, auch wirklich von ihm gesprochen wurden. Der ganze Rest der Worte sei anscheinend von der frühen Kirche erfunden und Jesus in den Mund gelegt worden. Natürlich wurde die Auferstehung Christi verworfen zusammen mit allen anderen Wundern. Es sollte uns auch nicht überraschen, dass sie zu dem Schluss kamen, Jesus habe *nicht* gesagt: *»Ich bin der Weg und die Wahrheit und das Leben. Niemand kommt zum Vater als nur durch mich«* (Joh 14,6). Nur politisch korrekte Worte und Taten werden ihm zugeschrieben.

Das erklärte Ziel dieser linkslastigen Gelehrten ist es, das Denken der Menschen über Jesus zu verändern. Sie haben sich an die Öffentlichkeit gewandt, und landesweite Zeitungen berichten regelmäßig über ihre Entscheidungen. Sie wollen »die Bibel entmythologisieren« und glauben, dass unsere Kultur ein neues Bild von Jesus brauche – einen Jesus, der über moderne Angelegenheiten spricht wie Feminismus, Multikulti, Ökologie und politische Korrektheit. Dieser Jesus ist nur ein Mensch.

Wenn Sie an die Bibel glauben, wie ich es tue, dann kann ich Ihnen versichern, dass wir von diesen unsachgemäßen Spekulationen nichts zu befürchten haben. Richtig verstanden, stärken diese Gelehrten in Wirklichkeit unseren Glauben eher, als dass sie ihn untergraben! In der Tat ist solche Kritik an Jesus eher *ein weiterer Grund zu glauben, dass Christus das ist, wovon die neutestamentlichen Autoren behaupten, dass er es ist.*

Das muss ich näher erläutern.

Zunächst darf man nicht aus dem Blick verlieren, dass sich diese radikalen Ansichten gänzlich auf die persönlichen Meinungen jedes Gelehrten gründen. Praktisch jede dieser Entscheidungen wird vor dem Hintergrund eines unerschütterlichen Vorurteils gegen Wunder getroffen. In der Einführung zu *Die fünf Evangelien* (das Buch schließt das *Evangelium des Thomas* mit ein) stellt Autor Robert Funk, der Gründer des *Jesus-Seminars*, fest: »Der Christus des Glaubensbekenntnisses und des Dogmas, der im Mittelalter eine unverrückbare Stellung einnahm, kann nicht mehr die Zustimmung jener fordern, die den Himmel durch Galileos Fernrohr gesehen haben.«[3]

Wir haben den Himmel durch ein Fernrohr gesehen, heißt es, wir können nicht mehr an einen wundertätigen Christus glauben. Man bedenke: Diese Gelehrten sehen sich nicht durch historische oder archäologische Entdeckungen zu ihren Schlussfolgerungen gezwungen, sondern durch Vorurteile und bewusst gewählte naturwissenschaftliche Betrachtungsweisen. Ja, diese Gelehrten haben das Leben und die Zeit Jesu umfassend studiert, aber nur, um ihr persönliches Bild davon zu entwickeln, wer Jesus wirklich war: Jesus der Mensch, und *nichts als* ein Mensch.

Kein historischer Beweis wird sie jemals veranlassen, ihre Entscheidungen zu hinterfragen, denn ihr naturalistisches Bild von der Welt steht über der wissenschaftlich historischen Forschung. Getrieben von einem starken, alles Übernatürliche leugnenden Vorurteil enden sie dort, wo sie beginnen: In ihrer Vorstellung kann es keinen übernatürlichen Jesus geben.

Hat man Jesus erst einmal der Augenzeugenberichte über ihn entkleidet, dann hat jedermann die Freiheit, sich ihn so vorzustellen, wie immer er will – mit aller Vorstellungskraft oder Phantasie, die er aufbieten kann. Jesus wird zu jemandem gemacht, wie wir ihn haben wollen. Howard Clark Kee, emeritierter Professor für Neues Testament an der Universität Boston, bezeichnete die Arbeit des Seminars als »akademische Schande« und sagte über seine Teilnehmer, sie »schienen entschlossen zu sein, einen Jesus zu finden, der frei ist von Merkmalen, die modernen Intellektuellen unangenehm sind – Dämonen, Wunder und Zukunftsprophetie.«[4] Wir stehen auf wesentlich festerem Grund, wenn wir den Menschen mehr glauben, die dabei gewesen sind, als den Revisionisten, die zweitausend Jahre nach diesen Ereignissen leben.

Die Suche nach dem historischen Jesus

Der Versuch, den historischen Jesus zu enthüllen, hat eine lange Geschichte. Jahrhundertelang haben liberale Gelehrte versucht, den historischen Jesus (Jesus, den bloßen Menschen) von dem zu trennen, was sie »den Christus des Glaubens« nennen – das heißt, den Christus der Mythen und Legenden. Sie haben versucht, alle übernatürlichen Worte und Taten aus den Evangelien zu streichen, um diesen *Menschen* Jesus zu finden. Im Verlauf dieses Prozesses sind sie zu so vielen verschiedenen »historischen Jesusbildern« gekommen, wie es Gelehrte gibt. Anstatt eine einzige Biographie Christi zu schreiben, hat praktisch jeder Gelehrte seine eigene Geschichte Jesu geschrieben!

Diese Suche nach dem historischen Jesus ist eine Art Rorschach-Tintenklecks-Test – er löst bei jedem verschiedene Anreize, Interpretationen und Gefühle aus. Da das Neue Testament als unglaubwürdig erachtet wurde und es nur noch auf jedermanns persönliche Vorstellung von Jesus ankam, haben sich sehr viele verschiedene Bilder von Christus entwickelt. Einige Autoren stellten ihn als gesellschaftskritischen Hippie dar. Andere sahen in ihm einen jüdischen Reaktionär, einen charismatischen Rabbi oder sogar einen homosexuellen Magier. Der berühmte Humanist Albert Schweitzer schrieb seine eigene Biographie Christi und kam zu dem Schluss, eine Geisteskrankheit habe Jesus dazu getrieben, Göttlichkeit für sich zu beanspruchen.

Das Leben Christi spiegelt für jeden Gelehrte seine eigenen Zweifel, Ambitionen und Wunschvorstellungen wider.

Schließlich offenbaren die Autoren mehr über sich selbst als über Jesus. Ihre schwindelerregenden Widersprüche und persönlichen Überzeugungen haben viele Gelehrte gezwungen, frustriert die Arme zu heben und zuzugeben, dass die Suche nach dem historischen Jesus in einem Fiasko geendet hat. Sie entdeckten, dass das Bild Christi im Neuen Testament gleich einem vollkommen einheitlichen, unversehrten Stoffgewebe ist. Sie sahen sich außerstande, in diesem Kleid die Naht zu finden, die »Jesus, den bloßen Menschen« von »Jesus, dem göttlichen Wundertäter« trennt. Keine Rasierklinge war scharf genug, das Neue Testament mit verstandesmäßiger Sachlichkeit zu zerlegen. Einige erkannten auch, dass es vergeblich war, nach dem historischen Jesus zu suchen, und schlossen daraus, es sei das Beste, einfach zu sagen, wir wüssten überhaupt nichts über ihn.

Vielleicht haben Sie von Edward Burne-Jones' gefeiertem Gemälde *Liebe in den Ruinen* gehört. Das Gemälde wurde von der Firma zerstört, die es eigentlich restaurieren sollte. Obwohl man die Firma gewarnt hatte, es handle sich um ein Aquarell, und die Wasserfarben bedürften spezieller Behandlung, verwendete sie die falsche Flüssigkeit, die das Bild auflöste.

In allen Generationen haben Menschen versucht, das strahlende Bild Christi im Neuen Testament auf Grautöne zu reduzieren – die Wunder auszulöschen und seine Ansprüche zu vermenschlichen. Bisher hat allerdings niemand das erforderliche Mittel gefunden, um das Original zu neutralisieren und es auf eine kalte, nichtssagende Leinwand zu reduzieren. Es spielt keine Rolle, wer versucht, seine Farben mit denen gewöhnlicher Menschen zu vermischen. Das Bild bleibt hartnäckig gefeit gegen jene, die versuchen, zwischen dem Original und einer vermeintlich aktualisierten Version eine Unterscheidung zu treffen.

So sehr sie es auch versuchen – diese Ungläubigen können auf den Seiten des Neuen Testaments nirgendwo einen rein menschlichen Jesus finden. Ihr Subjektivismus[5] lässt sie mit zufälligen Happen und Informationsbruchstücken allein, aber sie gewinnen kein zusammenhängendes Jesusbild. Sie sehen sich vor eine eindeutige Wahl gestellt: *Entweder erkennen sie ihn so an, wie er im Neuen Testament dargestellt wird, oder sie bekennen absolute Unwissenheit über ihn.* Sie sind mit der praktisch absoluten Erkenntnis konfrontiert, dass das Evangelienbild entweder komplett wahr oder komplett falsch ist. Unfähig, einen wundertätigen Christus zu akzeptieren, haben sich einige Gelehrte entschieden zu sagen, dass es überhaupt keinen historischen Jesus gegeben haben könne!

Der springende Punkt ist: Ganz gleich, wie weit wir zurückgehen, um den wirklichen Jesus zu finden, wir sehen uns immer einem übernatürlichen Jesus gegenüber. Es ist Unglaube und nicht Gelehrtheit, der Menschen dazu bringt zu sagen, das Neue Testament beruhe auf »Fälschung« und Glaube sei »das, was wir für wahr halten möchten«.

Augustinus lebte schon, lange bevor Gelehrte die Heilige Schrift nach persönlicher Lust und Laune zerpflückten. Nichtsdestoweniger glaubten Menschen auch zu seiner Zeit, was sie wollten, und verwarfen das übrige. Er schrieb: »Wenn du in den Evangelien glaubst, was dir gefällt, und verwirfst, was dir nicht gefällt, dann glaubst du nicht dem Evangelium, sondern dir selbst.«

Eine Auswertung der neutestamentlichen Dokumente

Die beste Methode, die Zuverlässigkeit der neutestamentlichen Dokumente zu bestätigen, besteht darin, sie den gleichen Prüfungsstandards zu unterwerfen, die man bei der Untersuchung jedes anderen historischen Dokuments anlegt. John Warwick Montgomery legt in seinem Buch *Geschichte und Christentum* drei Tests dar, die auf das Neue Testament angewandt werden können.[6]

Da ist zuerst der *biographische* Test. Er analysiert die Textüberlieferung durch die Art und Weise, wie ein Dokument in unsere Zeit gekommen ist. Dieser Test beantwortet die Frage: Wenn wir nicht im Besitz der ursprünglichen Dokumente sind – gründet sich unser vorliegender Text auf zuverlässige Abschriften? Zwischen den Originalen und den heutigen Kopien besteht ein zeitlicher Abstand von mehr oder weniger 250 Jahren – können wir sicher sein, eine zuverlässige Textüberlieferung vor uns zu haben?

Die Antwort auf diese Frage ist ein überzeugtes *Ja.* Hören wir Sir Frederic Kenyon, den früheren Direktor und leitenden Bibliothekar des Britischen Museums:

> »In keinem anderen Fall ist der Zeitraum zwischen der Abfassung der Bücher und der Anfertigung der frühesten jetzt noch existierenden Handschriften so kurz, wie im Fall des Neuen Testaments ... Wir glauben, dass wir einen im Wesentlichen genauen Text der sieben noch vorhandenen [existierenden] Schauspiele des Sophokles haben. Aber das früheste weitgehend erhaltene Manuskript, auf dem dieser Text beruht, wurde mehr als 1400 Jahre nach dem Tod des Dichters angefertigt. Aischylos, Aristophanes und Thukydides haben denselben Status, während sich bei Euripides der zeitliche Abstand noch auf rund 1600 Jahre erhöht. Für Platon mag er bei etwa 1300 Jahren anzusetzen sein, für Demosthenes bei 1200 Jahren.«[7]

Wenn Sie nun immer noch über den Sprung von 250 Jahren besorgt sind, dann denken Sie daran, dass wir den Text des Neuen Testaments auf verschiedene voneinander unabhängige Weisen bestätigen können. Da sind zunächst die in Ägypten entdeckten Papyrushandschriften. Diese Manuskripte datieren um das Jahr 125 und enthalten Fragmente des Neuen Testaments. Zum zweiten erscheinen weitläufige Zitate des Neuen Testaments in den Schriften der frühen Kirchenväter. Dies kann als weiterer Beweis dafür betrachtet werden, dass ihnen die Schriften des Neuen

Testaments bekannt waren und dass sie den gleichen Inhalt besaßen, wie er uns heute vorliegt. Um noch einmal Kenyon zu zitieren:

> »Der Zeitraum zwischen der ursprünglichen Abfassung und dem frühesten noch vorhandenen [existierenden] Beweisstück wird so klein, dass er praktisch vernachlässigt werden kann. Jedem Zweifel daran, dass uns die Heilige Schrift heute im Wesentlichen so vorliegt, wie sie geschrieben wurde, ist damit der Boden entzogen. Sowohl die Echtheit als auch die allgemeine Unversehrtheit der Bücher des Neuen Testaments dürfen als endgültig erwiesen betrachtet werden.«[8]

Selbst dann, wenn wir den Abschreibern Fehler zugestehen und in Betracht ziehen, dass sich die zahlreichen verschiedenen Handschriften in untergeordneten Einzelheiten unterscheiden, liegt uns immer noch ein zuverlässiger biblischer Text vor, auf den sich unser Glaube gründet. Keine Lehre wird durch Unterschiede in der Orthographie, in der Wortstellung oder durch die Hinzufügung eines erklärenden Wortes oder Ausdrucks betroffen.

Dann haben wir zweitens eine interne Prüfung der Texte – die Behauptungen der Autoren selbst. Nehmen sie für sich in Anspruch, Augenzeugen der berichteten Ereignisse zu sein, oder erhielten sie ihre Informationen zumindest aus glaubwürdigen Quellen? Johannes behauptete, Augenzeuge der Ereignisse seines Evangeliums zu sein, und sagt ausdrücklich, er sei bei der

Kreuzigung dabei gewesen (Joh 19,35). Lukas berichtet uns, dass ihm viele Berichte aus dem Leben Christi zur Verfügung standen, und fährt dann fort: *»Wie uns die überliefert haben, die von Anfang an Augenzeugen und Diener des Wortes gewesen sind, hat es auch mir gut geschienen, der ich allem von Anfang an genau gefolgt bin, es dir, vortrefflichster Theophilus, der Reihe nach zu schreiben, damit du die Zuverlässigkeit der Dinge erkennst, in denen du unterrichtet worden bist«* (Lk 1,2-4).

Die neutestamentlichen Autoren bringen sich nicht selbst durch innere Widersprüche oder mystische Abschweifungen in Verruf. Ihre persönlichen Augenblicke des Zweifels und der Skepsis motivierten sie, die Wahrheit herauszufinden, so dass sie mit Zuverlässigkeit schreiben konnten. Viele der Bücher des Neuen Testaments wurden geschrieben, als Menschen noch lebten, die selbst Zeugen der Ereignisse waren. In einigen Fällen beriefen sich die Autoren auf andere, um zu beglaubigen, dass das, was sie schrieben, korrekt war. Als Paulus die leibliche Auferstehung Christi darlegte, da verwies er auf jene noch Lebenden, die diese Behauptung bestätigen konnten (1Kor 15,6).

Und da gibt es drittens schließlich noch die *externe* Prüfung. Wird der Inhalt der Dokumente von anderem historischen Material bestätigt oder dementiert? Hier ist nicht der Raum für ein breiteres Eingehen auf die Ergebnisse der Archäologie. Es soll nur festgestellt werden, dass sie in den weitaus meisten Fällen die Aussagen der Bibel bestätigen. Ob es sich nun um die Geschichte Abrahams handelt, die Existenz der Hethiter oder die Einzelheiten der Herrschaft Salomos – das Alte Testament hat immer wieder bewiesen, dass seine Geschichtsschreibung zuverlässig ist.

Hinsichtlich des Neuen Testaments bringt jedes Jahr neue Entdeckungen, die bestätigen, dass die Berichte glaubwürdig sind. Und wir könnten hinzufügen, dass der berühmte antike Historiker Josephus auf die Auferstehung Christi hingewiesen hat: »Um diese Zeit lebte Jesus, ein weiser Mensch ... Und obgleich ihn Pilatus auf Betreiben der Vornehmsten unseres Volkes zum Kreuzestod verurteilte, wurden doch seine früheren Anhänger ihm nicht untreu. Denn er erschien ihnen am dritten Tage wieder lebend.«[9]

Könnten die Jünger die Geschichte erfunden haben?

Könnte es nicht möglich gewesen sein – so behaupten zumindest liberale Theologen –, dass die Jünger Jesu die Geschichten über ihren Meister in dem Wunsch erfunden haben, einen gewöhnlichen Menschen in den Sohn Gottes zu verwandeln? Das ist die wirkliche Lehre des *Jesus-Seminars* und anderer, die versuchen, Jesus seiner Gottheit zu entkleiden.

Montgomery arbeitete heraus, dass diese Theorie einfach nicht plausibel ist. Zum einen wäre Jesus ein armseliger Kandidat für eine Erhebung zur Gottheit gewesen. Seine Lehre stand im Widerspruch zu den messianischen Erwartungen seiner Zeit. Die Juden dieser Epoche erwarteten einen Messias, der mit dem

Schwert kommen würde, um die Römer zu schlagen und das Reich Israel wiederherzustellen. Wie S. W. Baron in seinem Buch *Gesellschafts- und Religionsgeschichte der Juden* erklärt, bestand allgemein Einigkeit darüber, dass der Messias Israel und Juda vereinigen und gegen die Römer führen würde.[10] Das klingt nicht sehr nach dem Jesus, der sagte: *»Mein Reich ist nicht von dieser Welt«* (Joh 18,36). Montgomery schrieb dazu: »Die einfache Tatsache, dass das offizielle Judentum Jesus als Lästerer ans Kreuz brachte, ist ausreichend Grund dafür, die Vorstellung energisch zurückzuweisen, dass Jesus die messianischen Wunschträume seiner Zeit erfüllt hätte!«[11]

Zum Zweiten würden die Jünger Jesu niemals gesagt haben, ein Mensch sei Gott; ein derartiges Ärgernis wäre undenkbar gewesen. Es hätte allen Lehren der jüdischen Vorstellungswelt des ersten Jahrhunderts widersprochen. Zwei Gesetze waren der Grundstein des jüdischen Glaubens: 1. die Einheit Gottes und 2. das erste Gebot *»Du sollst keine anderen Götter haben neben mir«* (2Mo 20,3). Einem gewöhnlichen Menschen Gottheit zuzuschreiben, wäre ein Frevel höchsten Grades gewesen; die Strafe für ein derartiges Verbrechen war die Steinigung.

Es gibt nur einen vernünftigen Grund dafür, dass Jesus im Neuen Testament als Gott dargestellt wird: Jesus selbst erhob diesen Anspruch, und das Gewicht der Beweise überzeugte seine Jünger, dass er die Wahrheit sprach. Die Jünger waren eigensinnige Fischer. Ihre Skepsis musste von einem Mann überwunden werden, der behauptete, der Messias zu sein, und dem die Wunder und die Weisheit zur Verfügung standen, das zu beweisen!

Thomas beispielsweise mochte nicht an die Auferstehung glauben, auch nicht auf das gleichlautende Zeugnis von zehn Männern. Er sagte: *»Wenn ich nicht in seinen Händen das Mal der Nägel sehe und meine Finger in das Mal der Nägel lege und lege meine Hand in seine Seite, so werde ich nicht glauben«* (Joh 20,25).

Jesus erfüllte gnädig seine Bitte. Er kam zu ihnen durch eine verschlossene Tür und sagte: *»Reiche deinen Finger her und sieh meine Hände, und reiche deine Hand her und lege sie in meine Seite, und sei nicht ungläubig, sondern gläubig.«* Thomas' Antwort: *»Mein Herr und mein Gott!«* (Joh 20,26-28).

Das klingt schwerlich nach einem leichtgläubigen Mann, der bereit war, phantastische Geschichten über einen Möchtegern-Messias zu glauben. Das Bild Jesu, das in den Evangelien gezeichnet wird, kann nicht ausgedacht worden sein. Wie der Zenturio, der Jesus sterben sah, sehen wir uns genötigt, einzustimmen: *»Wahrhaftig, dieser Mensch war Gottes Sohn!«* (Mk 15,39).

Augenzeugenbericht

Als der Apostel Petrus erkannte, dass er bald sterben werde, wollte er seinen Lesern ein letztes Zeugnis der historischen Wirklichkeit Jesu hinterlassen. So schrieb er: *»Ich halte es aber für recht, solange ich in diesem Zelt bin, euch durch Erinnerung aufzuwecken,* *da ich weiß, dass das Ablegen meines Zeltes bald geschieht, wie auch unser Herr Jesus Christus mir kundgetan hat. Ich werde aber darauf bedacht sein, dass ihr auch nach meinem Abschied jederzeit imstande seid, euch diese Dinge ins Gedächtnis zu rufen«* (2Petr 1,13-15).

Es folgt ein lebendiger Bericht dessen, was er mit Jesus erlebte.

Die falschen Lehrer zur Zeit des Petrus – jede Zeit hat ihre falschen Lehrer – kritisierten die Lehre von der Wiederkunft Jesu in Herrlichkeit. Sie argumentierten von der Gleichförmigkeit der Naturgesetze her und behaupteten: *»Seitdem die Väter entschlafen sind, bleibt alles so von Anfang der Schöpfung an«* (2Petr 3,4).

Und nun werden sie von Petrus widerlegt.

Wir sahen die Verklärung des Sohnes

Die Behauptungen jener vorwegnehmend, die *nicht* an einen wundertätigen Jesus glauben, schrieb Petrus: *»Denn wir haben euch die Macht und Ankunft unseres Herrn Jesus Christus kundgetan, nicht indem wir ausgeklügelten Fabeln folgten, sondern weil wir Augenzeugen seiner herrlichen Größe gewesen sind«* (2Petr 1,16). Man könnte den griechischen Ausdruck auch anders übersetzen: »... nicht indem wir verdrehten Legenden folgten.« Die Apostel wurden nicht vom Fanatismus mitgerissen. Sie waren nicht geneigt, fragwürdige Berichte anzuerkennen, die nicht nachgeprüft werden konnten.

Petrus fuhr fort: *»Denn er empfing von Gott, dem Vater, Ehre und Herrlichkeit, als von der erhabenen Herrlichkeit eine solche Stimme an ihn erging: ›Dies ist mein geliebter Sohn, an dem ich Wohlgefallen gefunden habe‹«* (2Petr 1,17). Er erklärte, er habe ein Recht, dies zu sagen, denn er war auf dem Berg der Verklärung und sah mit seinen eigenen Augen die Herrlichkeit und die Ehre, die Jesus erwiesen wurden.

Petrus sagte, sie sahen das Wunder nicht etwa, weil sie eines erwartet hätten; sie waren überraschter gewesen als irgendjemand sonst es hätte sein können! Das steht in Übereinstimmung mit dem Bericht des Johannes, der ebenfalls Augenzeuge der Majestät Jesu war: *»Wir haben seine Herrlichkeit angeschaut, eine Herrlichkeit als eines Eingeborenen vom Vater, voller Gnade und Wahrheit«* (Joh 1,14).

So sahen Petrus, Jakobus und Johannes unmittelbar die Herrlichkeit, die der Sohn Gottes im künftigen Reich haben wird. Sie waren nicht einfach neugierige Menschen, die die Möglichkeiten des christlichen Glaubens zu erkunden suchten. Sondern sie waren eingeladen, eine schwache Ahnung von der über die Beschränkungen des Fleisches hinausgehenden Existenz Jesu zu erfahren. Sie hatten einen Logenplatz für Gotteserfahrungen und wussten, dass Jesu Verheißungen eines künftigen Reiches nicht mit ihm sterben würden.

Wir hörten die Stimme des Vaters

Petrus fuhr fort: *»Und diese Stimme hörten wir vom Himmel her ergehen, als wir mit ihm auf dem heiligen Berg waren«* (2Petr 1,18).

Petrus sagt, sie seien *Augenzeugen* gewesen, aber auch *Ohrenzeugen.* Man bedenke die Arroganz jener Leute, die meinen, sie hätten von dem, was vor mehr als zweitausend Jahren geschah ein besseres Verständnis als jene, die Augenzeugen seiner Majestät waren! Wem werden wir glauben? Menschen mit einem ausgeprägten Vorurteil gegen alles Übernatürliche oder jenen, die wirklich dabei waren und alles mit eigenen Augen sahen? Ich persönlich hoffe, Sie sind mit mir in dem Glauben jener verbunden, die uns versichern, dass sie nicht verdrehten Legenden gefolgt sind!

Wir bestätigten die Aufzeichnung des Geistes

Dann erinnert Petrus seine Leser, dass die Erfahrungen der Jünger die Prophetie bestätigten. *»Und so besitzen wir das prophetische Wort umso fester, und ihr tut gut, darauf zu achten als auf eine Lampe, die an einem dunklen Ort leuchtet, bis der Tag anbricht und der Morgenstern in euren Herzen aufgeht«* (2Petr 1,19). Manche interpretieren das als Art des Petrus zu sagen, dass die Prophetie eine noch viel bessere Garantie sei als sein eigener Bericht. Mit anderen Worten: Ein viel stärkeres Argument für das Zweite Kommen Christi besteht darin, dass es von den Propheten vorausgesagt worden ist.

Die Worte können aber auch folgendermaßen interpretiert werden: »Was wir auf dem Berg der Verklärung sahen, macht es noch viel gewisser, dass das, was die Propheten über das zweite Kommen Christi vorausgesagt haben, wahr sein muss.« Die Herrlichkeit, die sie auf dem Berg sahen, ist der stärkste Beweis dafür, dass die Propheten die Wahrheit sagten. Auch Mose und Elia erschienen. Mose repräsentierte das Gesetz, und Elia repräsentierte die Propheten und beide, das Gesetz und die Propheten, wiesen auf Christus hin.

Petrus fügte hinzu: Wisset zuerst, *»dass keine Weissagung der Schrift aus eigener Deutung geschieht. Denn niemals wurde eine Weissagung durch den Willen eines Menschen hervorgebracht, sondern von Gott her redeten Menschen, getrieben vom Heiligen Geist«* (2Petr 1,20-21). Das Kennzeichen eines falschen Propheten war im Alten Testament, dass er seine Botschaft einfach erfand oder dass er die Gedanken Gottes mit seinen eigenen vermischte (Hes 13,3). Der wahre Prophet musste oftmals verkündigen, was er gar nicht sagen wollte. Er musste oft harte Botschaften übermitteln, die sich niemand gerne ausdenken würde.

Schließlich sagt Petrus, die Dreieinigkeit habe die Gottheit Jesu bestätigt. Die Jünger *sahen* den Sohn, sie *hörten* den Vater und sie *bestätigten*, dass die Heiligen Schriften vom Heiligen Geist inspiriert waren. So sehen wir uns vor eine Entscheidung gestellt: Wessen Überzeugung sollten wir folgen? Sollten wir jenen folgen, die einen politisch inkorrekten Christus entlarven wollen? Oder sollten wir den Weg jener gehen, die zuverlässige Augenzeugen dieser Ereignisse im ersten Jahrhundert waren? Wenn sich das Neue Testament auf Fälschungen gründete, wäre seine Glaubhaftigkeit schon vor langer Zeit zuschanden geworden.

Denken Sie über Bernhard Ramms Worte nach:

> »Tausende Male ist der Bibel die Totenglocke geläutet, die Beerdigungsprozession aufgestellt, das Epitaph in den Grabstein gemeißelt und der Nachruf gelesen worden. Aber irgendwie wird der Leichnam niemals begraben.
> Kein anderes Buch ist so zerhackt, durchschnitten, veruntreut, durch und durch geprüft und verleugnet worden. Welches Buch der Philosophie oder Religion oder Psychologie oder der schönen Literatur aus klassischer oder moderner Zeit ist jemals Ziel solch massiver Angriffe gewesen wie die Bibel? Mit solcher Gehässigkeit und Skepsis? Mit solcher Gründlichkeit und Gelehrsamkeit? Über jedes Kapitel, jedes Strichlein und jede Lehre?
> Und doch wird die Bibel nach wie vor von Millionen geliebt und von Millionen gelesen.«[12]

Vielleicht findet man den Grund für die Langlebigkeit der Bibel nicht in den Menschen, die sie verfasst haben, sondern in Gott, der sie inspirierte. *»Das Gras ist verdorrt, die Blume ist verwelkt. Aber das Wort unseres Gottes besteht in Ewigkeit«* (Jes 40,8).

In dem Buch *Sakrileg* schrieb Dan Brown, dass Tausende geheimer Dokumente existierten, die das Christentum widerlegen. Zwingen wir ihn, Farbe zu bekennen. Bestehen wir darauf, dass er diese Dokumente findet und sie der Welt präsentiert! Was für ein billiger Versuch, derartige Behauptungen aufzustellen, ohne auch nur den winzigsten Funken eines Beweises zu haben! Wie verzweifelt muss man sein, um eine Begründung für den eigenen Unglauben auf erträumten Dokumenten aufzubauen.

Wir tun gut daran, uns vor dem Christus des Neuen Testaments zu beugen, seine Ansprüche anzuerkennen und zu glauben, dass seine Kreuzigung ein Opfer für Sünder war. Wenn wir es tun, haben wir die Verheißung: *»So viele ihn aber aufnahmen, denen gab er das Recht, Kinder Gottes zu werden, denen, die an seinen Namen glauben; die nicht aus Geblüt, noch aus dem Willen des Fleisches, noch aus dem Willen des Mannes, sondern aus Gott geboren sind«* (Joh 1,12-13).

Entgegengesetzte Wege: die Kirche und ihre »Mitbewerber«

»Am Christentum gibt es wirklich kaum etwas Eigenständiges. Der vorchristliche Gott Mithras – man nannte ihn den *Sohn Gottes* und *das Licht der Welt* – wurde an einem fünfundzwanzigsten Dezember geboren, kam gewaltsam uns Leben, wurde in einem Felsengrab bestattet und ist nach drei Tagen von den Toten wieder auferstanden.«[1] Diese Aussage von Sir Leigh Teabing in *Sakrileg* beschuldigt die neutestamentliche Kirche, ihre Lehren von Legenden über einen anderen Gott »entliehen« zu haben, der in heidnischen Traditionen beschrieben wird. Die unausweichliche Folgerung daraus ist natürlich, dass sich das Christentum auf Mythologie gründet – noch dazu auf *gestohlene* Mythologie.

Wir können mit Überzeugung sagen, dass das Christentum seine Lehren über Jesus nicht aus

Legenden über Mithras entlehnt hat, der zur Kultur des antiken Rom gehört. Zunächst einmal sagte das Alte Testament das Leben, den Tod und die Auferstehung Jesu Hunderte von Jahren voraus, ehe der Kult des Mithras überhaupt entstanden war. Im Propheten Jesaja, sieben Jahrhunderte vor Christi Geburt geschrieben, finden wir Prophezeiungen über die jungfräuliche Geburt Jesu (7,14), über seine Leiden (52,13–53,10) und über seine Kreuzigung (53,1-11). In den Psalmen haben wir eine Vorausschau auf seine Auferstehung (16,10). Wir könnten Dutzende Vorhersagen hinzufügen, die durch Jesu Leben und Tod erfüllt wurden. Es ist bemerkenswert zu sehen, wie das Alte und das Neue Testament ineinandergreifen wie eine Hand in einem Handschuh. Jemand hat einmal gesagt: »Das Neue Testament ist im Alten verborgen, und das Alte ist im Neuen offenbart.«

Mit Mithras sind zahlreiche widersprüchliche Kulte verbunden. Das rührt zum großen Teil von dem Umstand her, dass die Anhänger des Mithrasglaubens keinerlei schriftliche Aufzeichnungen anfertigten und ihre Religion stattdessen lieber durch geheime Rituale überlieferten. Was wir von der Bewegung wissen, kommt von Außenseitern, die diesen Legenden widersprachen.

Man nimmt allgemein an, dass Mithras ein Gott der antiken Perser und der Arier Indiens war, die ihn zu einem ihrer zwölf höchsten Götter machten. In der zoroastrischen Religion war er ein Engel, ein Gott des »himmlischen Lichtes«. In Rom war Mithras mit den Mysterienreligionen verbunden und wurde vom Militär als ein Gott des Krieges verehrt.

Wegen dieser unterschiedlichen Sichtweisen war der Mithraskult in einer ständigen Entwicklung begriffen, indem er sich den jeweiligen Bedürfnissen einer Gruppe oder Kultur anpasste. Verständlicherweise kann diese Religion auf höchst unterschiedliche Arten interpretiert werden, und ihre Lehren sind schwerlich genau zu definieren. Es erscheint plausibel, dass die besonderen Mythen über Mithras' wunderbare Geburt und sein Werdegang zu einem »Heiland-Gott« den Geschichten über Jesus nachempfunden wurden und sich entwickelten, nachdem das Christentum im ersten Jahrhundert Rom erreicht hatte.

Wir haben schon gesehen, dass der christliche Glaube tief in historischen Tatsachen wurzelt und nicht in einer Mythologie. Die frühe Kirche trat dem Heidentum energisch entgegen und unternahm alle Anstrengungen, um sicherzustellen, dass in ihr nicht heidnische Mythen und Praktiken angenommen wurden. In diesem Kapitel werden wir weitere Belege untersuchen, die die Originalität des Christentums untermauern.

Der vielleicht beste Weg zu zeigen, dass sich das Christentum radikal von allen anderen Religionen und Kulten unterscheidet, ist eine Gegenüberstellung mit dem antiken Gnostizismus, der uns heute als »eine andere Art des Christseins« präsentiert wird. Wir werden sehen, warum manche Leser des Buches *Sakrileg* dessen Lehren dem Christentum vorziehen. Manche Leute meinen, alle Religionen der Welt seien im Wesentlichen dieselben und unterschieden sich nur oberflächlich. Wir werden aber zeigen, dass das Gegenteil wahr ist: *Das Christentum ist grundsätzlich anders und erscheint nur oberflächlich so wie andere Religionen und Philosophien.* Es ist in der Tat ein Original.

Vorherrschende Meinungen

Leute von heute sind eindeutig auf der Suche nach Verbindung mit der metaphysischen Welt. Gehen Sie in eine Buchhandlung und Sie werden viele Regale voller Bücher zum Thema spirituelle Suche finden. Es gibt Bücher und Fernsehprogramme, die sich mit Spiritualität und Heilung befassen, mit Spiritualität und Selbsterfahrung, und natürlich auch mit Spiritualität und Sex. Es gibt viele Wege, und jeder ist eingeladen, seinen eigenen Weg zur Erfüllung zu wählen.

Millionen von Menschen, die niemals das Wort Gnostizismus gehört haben, sind Anhänger seiner wesentlichen Lehren. Den Gnostizismus zu verstehen, heißt zu begreifen, warum er für eine Generation so attraktiv ist, die sich der Vielfalt und der Do-it-yourself-Spiritualität verschrieben hat. Wenn wir das, was die Gnostiker glaubten, dem historischen christlichen Glauben gegenüberstellen, dann liefern wir praktisch eine Kritik des heutigen religiösen Klimas.

Obwohl der Gnostizismus keine einheitliche Bewegung mit vielen komplizierten Lehren war, wollen wir hier nur seine Lehre über Jesus in ihrer populärsten Form betrachten. Zeit und Raum machen es notwendig, dass wir unsere Betrachtung auf ein paar Lehraussagen über Jesus beschränken, die in einigen wenigen der Texte wiedergegeben sind. Für eine ernsthaftere Auseinandersetzung mit dem Gnostizismus gibt es eine Reihe ausgezeichneter ausführlicher Werke.[2]

Welcher Jesus?

Im Allgemeinen lässt sich Folgendes sagen: Die Gnostiker glaubten, dass der Tod, die Bestattung und die Auferstehung Jesu belanglos gewesen seien – sie bewirkten nicht unsere Erlösung. Von Bedeutung war für sie die unmittelbare Gegenwart Christi, jenen zugänglich, die *Gnosis* erfuhren. Das heißt, die Erleuchtung war denen verfügbar, die zu ihr erweckt worden waren. Daher ermutigten sie zu einer direkten Gotteserfahrung, ohne die Vermittlung des Christus oder die Einschränkungen der Kirche.

Gnostiker sahen den Tod Jesu nicht als einen Akt der Sühne, sondern vielmehr als eine Gelegenheit, das innewohnende göttliche Selbst zu entdecken.[3] Sogar jene Gnostiker, die glaubten, Jesus sei für andere gestorben, sahen seinen Tod nicht als Sühne sondern als ein Mittel, andere zu ihren eigenen göttlichen Fähigkeiten zu erwecken. Als der *Logos* war Jesus fähig, den Tod durchlässig zu machen, um uns *Gnosis* zu bringen. (Das Wort *Logos* wurde von Gnostikern oft benutzt, um auf die Vernunft oder auf eine Art besonderer Erkenntnis hinzuweisen).

Hinsichtlich der Frage der Auferstehung verwarfen die Gnostiker einmütig die leibliche Auferstehung

Jesu. Ein Autor verwies darauf als auf den »Glauben der Narren«. Daher war die Auferstehung kein einzigartiges Ereignis, bei dem sich ein Mensch dem bereits erlittenen Tod entzog und wahrhaftig aus dem Grab zurückkehrte. Die Auferstehung wurde vielmehr symbolisch interpretiert, als ein erläuterndes Bild dafür, wie die Gegenwart Christi erfahren werden konnte. Es kam nicht darauf an, einen Leib von den Toten zurückkehren zu sehen, sondern vielmehr darauf, eine »spirituelle Vision« zu erfahren. So werden die Auferstehungserscheinungen im *Evangelium der Maria* als Auftreten von Visionen, Träumen und Ekstasen interpretiert.[4]

Obwohl die Gnostiker glaubten, dass diese Visionen konkrete Ereignisse seien, bleibt die Tatsache bestehen, dass sie entweder die historische Zuverlässigkeit der Evangelien leugneten oder sie als unwichtig betrachteten. Für sie kam es auf die unmittelbare Erfahrung Christi an, nicht auf die Ereignisse seines irdischen Lebens.

Christus soll uns helfen, aber er tat nichts, was für unsere Erlösung erforderlich war. In ihrer Vorstellung war das Leben Jesu auf der Erde kein notwendiges, einst geschehenes Ereignis, in dem Gott auf die Erde kam, um die Menschheit zu retten. Jesus sollte geehrt, aber nicht als göttlicher Erlöser oder Mittler angebetet werden.

Selbsterlösung

Gnostiker glaubten auch, wenn wir Gott begegneten, träfen wir in Wirklichkeit uns selbst, denn Selbsterkenntnis sei Gotteserkenntnis. So sei Theologie in Wirklichkeit Anthropologie – tatsächlich entzünden wir den Funken des Göttlichen, der in uns allen existiert. Gott ist, wie man ihn oder sie auch immer definieren mag, in Wirklichkeit eine Erweiterung unserer selbst.

Als die Jünger im *Evangelium des Thomas* Jesus fragten, wohin sie gehen sollten, antwortete er: »Es ist Licht in einem Menschen des Lichtes, und es beleuchtet die ganze Welt. Wenn er nicht leuchtet, ist er Finsternis.«[5] Folglich sind wir nicht auf Christus ausgerichtet, der außerhalb von uns als Erlöser existiert, sondern wir müssen vielmehr das Licht in unserem Inneren suchen, um uns selbst zu erlösen.

Im *Evangelium des Philippus* entdecken wir eine radikalere Vorstellung von unserer Gottesbeziehung. Dort lesen wir: »Gott erschuf die Menschheit; jetzt aber erschaffen menschliche Wesen Gott. So ist es in der Welt – Menschen machen Götter und verehren ihre Schöpfung. Es wäre den Göttern angemessener, die Menschen zu verehren!«[6]

Nach dieser Theorie ist weder Jesus noch irgendein anderer religiöser Führer Gott in einzigartigem Sinn. Wir alle können Götter sein, und in der Tat, wir können uns unsere eigenen machen! Folgt man den Gnostikern, dann ist das Problem des Menschen nicht die Sünde, sondern die Unwissenheit. Wir müssen nur wissen, wie wir Zugriff auf die Gnosis erlangen und unsere eigene Erleuchtung erleben. Der Mensch muss, anstatt von außen her erlöst zu werden, selbst zu seiner eigenen Rettung kommen. Die Menschen haben die absolute Freiheit, Gott nach ihrem eigenen Bild und nach ihren eigenen Wünschen zu erschaffen.

Daher versteht sich von selbst, dass wir zur Erlösung keinem vorgegebenen Lehrsystem glauben müssen. Lehrer mögen uns zu dem begrenzten Ziel dienen, uns auf die Richtung hin zur Wahrheit auszurichten, aber für die endgültige Erfahrung der *Gnosis* müssen wir selbst aktiv werden. Tatsächlich bedeutet die Unterordnung unter die kirchliche Hierarchie für manche Gnostiker, sich »blinden Leitern« zu fügen, deren Autorität von einem böswilligen Schöpfer kommt.[7] Lehren und Glaubenssysteme werden als Hindernisse betrachtet, auf dem gnostischen Weg Fortschritte zu machen.

Gnostiker damals und heute

Die Gnostiker hätten dem Parlament der Weltreligionen zugestimmt, dem ich 1993 als Beobachter beiwohnen konnte. Da versammelten sich rund 6500 Delegierte aus der ganzen Welt, um über die Möglichkeit zu beraten, die Religionen der Welt zu vereinen. Grundlegende Voraussetzungen waren diese:

- Keine Religion ist der anderen überlegen.
- Lehren sollten als subjektive Wege betrachtet werden, die der Revision bedürfen – nicht als unwandelbare Wahrheiten.

- Missionieren sollte verboten sein. Der Versuch, andere zu überreden, an eine bestimmte Religion zu glauben, fördert nur den Geist der Exklusivität und den gefürchteten Begriff *Überlegenheit.*
- Die wichtigste Beschäftigung ist die, die nach einer religiösen Erfahrung trachtet, die durch persönlichen Geschmack und persönliche Neigung bestimmt wird.

Gnostiker würden zustimmen, dass der Weg, den wir wählen, keine Rolle spielt, solange wir dabei unsere eigene *Gnosis* erfahren – das mystische Zentrum, wo die Erleuchtung erlebt wird.

Bei dem genannten Parlament traf ich Leute, die sagten: »Ich bin ein christlicher Buddhist«, oder: »Ich gehöre zum New Age-Christentum.« Leute sprachen darüber, sich das Beste vom religiösen Buffet zu nehmen und ihre eigene besondere Kombination und Glaubensvorliebe zu erschaffen. In vielen der Treffen bekam Jesus hier und da schwaches Lob, in Wirklichkeit aber wurde er herabgewürdigt. Manche sagten, er sei wichtig für den Westen gewesen, nicht aber für den Osten. Andere erklärten, er sei ein großer Lehrer und sogar eine einzigartige Offenbarung Gottes gewesen – aber eben nur eine von einer ganzen Zahl solcher Offenbarungen.

Der Gnostizismus erlebt ein Comeback in christlichen Kreisen, weil er sich so sehr in Übereinstimmung mit unserer überwältigenden Hinwendung zur religiösen Vielfalt befindet. Diese Haltung besteht darauf, dass der Weg zum Göttlichen nicht eindeutig bestimmt werden kann. Aus diesem Blickwinkel betrachtet, hat niemand das Recht zu sagen: »Das ist der falsche Weg!« Jedem Individuum wohnt Autorität inne; sie sollte über dieses Individuum nicht von irgendjemand sonst verhängt werden – auch nicht von Jesus. Mit anderen Worten: Es ist vollkommen akzeptabel, mystische Erfahrungen zu machen, die in keinster Weise mit hervorstechenden Ereignissen im Leben des historischen Jesus verknüpft sind.

Kürzlich sah ich eine Talkshow, wo ein Gast behauptete, mit den Toten in Verbindung zu treten. Als er gefragt wurde, ob es ein Gericht nach dem Tod gebe, erklärte er: »Nein, wenn wir sterben, richten wir uns selbst.« Wenn die Gnostiker an das Jüngste Gericht geglaubt hätten (die meisten taten es nicht), dann würden sie mit höchster Wahrscheinlichkeit diesem Gefühl zugestimmt haben. Wenn wir uns selbst erlösen können, können wir uns auch selbst richten.

Wenn die Menschen also Gott auf ihre eigene Weise suchen und wenn es in jeder Religion eine gewisse Wahrheit gibt, warum dann über Jesus reden, als ob er die einzige vernünftige Möglichkeit wäre? Ich kannte Leute, die meinten: »Wenn Jesus für mich gut ist, dann ist das o.k. Wenn aber etwas oder jemand anders für dich besser ist, dann ist das auch gut.« Warum nicht tolerant sein und alle verfügbaren Möglichkeiten unserer mannigfaltigen Kultur akzeptieren?

Die große Trennung

Wie unterscheidet sich nun das Christentum von den Mythen des Mithras und vom Mystizismus der Gnostiker? Wie können wir sicher sein, ein Original zu haben und nicht die Kopie irgendeines anderen Glaubens? Natürlich ist es Menschen verschiedensten Glaubens möglich, religiöse Erfahrungen zu machen. Aber wir selbst sind wie Ameisen auf einem Rembrandtgemälde: Wir nehmen die Struktur der Leinwand wahr und die wechselnden Farben unter unseren Füßen, aber wir sind unfähig zu verstehen, was wir da eigentlich sehen. Gottes Offenbarung im Neuen Testament hilft uns, den Weg zu finden.

Zunächst nehmen wir zur Kenntnis, dass sich das Christentum im Hinblick auf sein Sündenverständnis von anderen religiösen Glaubensrichtungen unterscheidet. Weit davon entfernt zu glauben, dass Gott im Wesentlichen uns ähnlich sei, verstehen Christen die klare Lehre der Bibel so, dass wir Gottes Gesetze übertreten haben und aus uns selbst unfähig sind, in die Gemeinschaft mit unserem Schöpfer zurückzukehren. Diese Lehre von der ursprünglichen Sünde (und unserem daraus resultierenden sündhaften Verhalten) deckt sich mit unserer eigenen Erfahrung. Niemand, der diese Seiten liest, hat nicht schon den Kummer der Ungerechtigkeit erlebt, den erdrückenden Einfluss der Selbstsucht und die tiefen Qualen der Reue.

Ich denke, es war G. K. Chesterton, der sagte, er könne nicht verstehen, wie jemand die Ursünde leugnen kann: Es sei doch die einzige Lehre, die bereits durch das bloße Lesen der Tageszeitung bewiesen werde! Wir lesen von den Untaten, die andere begangen haben, und wenn wir ehrlich sind, wissen wir intuitiv, dass wir im Grunde derselben Untaten fähig sind. Ebenso intuitiv wissen wir auch, dass wir jemand über uns Rechenschaft schulden. Schuld ist kein Gefühl, das man verlernen kann. Das schuldige Gewissen zielt auf ein inneres Wissen, dass wir unsere eigenen Maßstäbe verletzt haben und eines Tages vor jemandem Rechenschaft ablegen müssen, der alle Geheimnisse unserer eigenen Seele kennt.

Setzen wir das in Beziehung zu der biblischen Lehre von der Heiligkeit Gottes. In der Heiligen Schrift wird er uns als rein, sündlos und ohne Makel vorgestellt. Er ist der persönliche Schöpfer, Erhalter und Richter, dem wir Rechenschaft ablegen müssen. Die Bibel weist die Vorstellung zurück, wir könnten uns selbst Gott nennen und handeln, als trügen wir die Kennzeichen des Göttlichen. In Wirklichkeit war das die erste Lüge der dämonischen Religion in 1. Mose 3. Wir sind zwar Geschöpfe, geschaffen im Bilde Gottes, aber im Grunde sind wir ewig anders als er.

Nimm Jesus auf!

Jesus ist der Einzige, der die Voraussetzungen eines Erlösers erfüllt, das heißt, der den Bruch zwischen uns und dem Gott der Bibel reparieren kann. Jesus hat die Fähigkeit, uns zu sagen, wie Gott ist, was er von uns erwartet und unter welchen Bedingungen er bereit ist, Gemeinschaft mit uns zu haben. Modern gesagt, Jesus ist jemand mit Insider-Informationen – jemand, der in der Lage ist, für Gott zu sprechen.

Danken wir Jesus, dass wir einen Glauben haben können, der unsere Bedürfnisse aufs Genaueste befriedigt. In ihm finden wir einen erlösenden Gott.

Um es einfach zu machen: Jesus betonte, dass sein Eintreten in diese Welt ein einmaliges, nicht wiederholbares historisches Ereignis war, wodurch eine Erlösung für jene bereitet wurde, die ihm glauben würden. Um diesen Akt der Sühnung zu bewirken, musste er leiblich gegenwärtig sein – leiblich gegenwärtig in einer Weise, wie es die Feuerwehrmänner waren, die in der New Yorker Tragödie vom 11. September Menschen retteten. Lehren und wunderbare Ideen können keinen Menschen aus einem brennenden Gebäude retten.

Ein gewöhnlicher Mensch kann zwar andere Menschen aus einem entflammten Gebäude retten, aber nur ein göttlicher Mensch kann uns mit Gott versöhnen. So kann uns nur ein göttlicher/menschlicher Jesus in die Gegenwart Gottes bringen, dessen Gerechtigkeit wir beleidigt haben. Dieser Jesus musste als Mensch geboren werden, sterben und ein Opfer für unsere Sünden werden – ein Opfer, das vom Vater während der sechs Stunden angenommen wurde, die dieser Gott-Mensch am Kreuz hing.

Unsere Vergehen sind so wirklich wie die Taten eines Diebes, der Geld aus einem Banktresor stiehlt. Und wie die Wiedergutmachung erfordert, dass das gestohlene Geld zurückgegeben wird, so musste eine Bezahlung für unsere Sünden geschehen, ehe wir mit Gott versöhnt werden konnten. Ideen können die Kluft zwischen uns und Gott nicht überbrücken; nur ein Sühneakt kann das.

Damit meine ich natürlich nicht, dass die Bezahlung, die Jesus am Kreuz leistete, etwas physikalisch Greifbares gewesen sei, wie etwa ein Bündel Hundertdollarnoten. Wir lesen aber: *»Denn ihr wisst, dass ihr nicht mit vergänglichen Dingen, mit Silber oder Gold, erlöst worden seid von eurem eitlen, von den Vätern überlieferten Wandel, sondern mit dem kostbaren Blut Christi als eines Lammes ohne Fehler und ohne Flecken«* (1Petr 1,18-19). Jesus musste sterben; Blut musste vergossen werden; er musste die Sünde auf sich nehmen; die Gerechtigkeit des Vaters musste befriedigt werden.

Mögen die Heiden, egal ob antik oder modern, aus den Worten Jesu entlehnen, was immer sie wollen – wenn sie leugnen, dass sein Tod und seine Auferstehung die zentralen Ziele seiner Mission gewesen sind, dann leugnen sie das Zentrum des Christentums. Wenn man die Wirksamkeit Jesu allein auf seine Lehren reduziert, dann schneidet man dem, was das Neue Testament wiederholt das Evangelium nennt, das Herz heraus: die Gute Botschaft.

Es war dieses verbissene Beharren darauf, dass das Christentum an die Geschichtlichkeit Jesu gebunden war, was die Argumentation des Paulus beflügelte: dass die leibliche Auferstehung von den Fünfhundert bestätigt werden könne, die Jesus wirklich sahen, und dass viele dieser Zeugen noch am Leben seien. Dann fügt er hinzu: *»Wenn aber Christus nicht auferweckt ist, so ist euer Glaube nichtig, so seid ihr noch in euren Sünden«* (1Kor 15,17).

Die Fleischwerdung ist die große Trennung zwischen Christentum und Gnostizismus, und schließlich auch zwischen Christentum und Islam. Im islamischen Glauben stellt die Fleischwerdung die größte Lästerung dar – die Muslime glauben, dass Allah keinen direkten Kontakt mit der Welt haben kann. Im Gegensatz dazu lehrt das Christentum, dass wir nicht durch Christi Beispiel oder durch seine Ideen errettet sind; auch nicht dadurch, dass wir eine Offenbarung oder Vision von ihm haben. Unsere eigene *Gnosis* – ganz gleich, wie wunderbar sie auch komponiert oder erfahren wurde – kann die unüberwindliche Barriere nicht fortschaffen, die unsere Sünde zwischen uns und unserem Gott errichtet hat.

Das erklärt, warum die frühchristlichen Autoren sich der Vermischung von Christentum und anderen Religionen verweigerten. Sie neigten mit Sicherheit nicht dazu, irgendetwas aus heidnischen Vorstellungen zu »entlehnen«, sondern sie standen im strengen Widerspruch zu ihnen. Andere Religionen mögen ähnliche ethische Lehren haben wie das Christentum – sie unterscheiden sich doch im zentralen Punkt: der Fleischwerdung und was sie bewirkt hat.

Alle Formen der Spiritualität, die lehren, dass wir Gott (wie auch immer er definiert werden mag) allein erreichen können, stehen im direkten Widerspruch zum Heilshandeln Gottes in Christus. Dieser unendliche, unüberbrückbare Abgrund zwischen Gnostizismus und Christentum lässt keine Hoffnung, auch nur halbwegs zu einem gangbaren Kompromiss zu kommen. Nur jene, die das wahre Wesen des Christentums völlig missverstehen, können den Gnostizismus als einen »anderen Weg des Christseins« bezeichnen.

Die gute Nachricht des Neuen Testaments lautet, dass Gott uns den Dienst der Versöhnung geschenkt hat, *»nämlich, dass Gott in Christus war und die Welt mit sich selbst versöhnt hat, ihnen ihre Übertretungen nicht zurechnete und in uns das Wort von der Versöhnung gelegt hat«* (2Kor 5,19). Das Christentum erklärt, dass es die Fleischwerdung und die darauf folgenden Handlungen Jesu waren, die Gottes Heilsgeschehen in der Welt bewirkten.

Gott ja – aber warum Jesus?

Wir hören oft: »Ich glaube an Gott, aber nicht an Jesus«, als gäbe es verschiedene Wege, Zugang zum Göttlichen zu erlangen. Die Bibel hat zwei Warnungen für uns. Erstens warnt sie uns davor, uns Gott nach unserer eigenen Vorstellung zurecht zu machen: *»Du sollst keine andern Götter haben neben mir«* (2Mo 20,3), das erste Gebot. Die Worte waren noch kaum in Moses Steintafel gemeißelt, als die Israeliten das Gebot bereits durch das Anfertigen des goldenen Kalbs übertraten. Auch wir betreiben Götzendienst, wenn wir uns einen Gott nach unserem eigenen Verständnis machen.

Es gibt aber noch eine zweite Warnung: Wir müssen *in der richtigen Weise* zu dem wahren Gott kommen. Sowohl Kain als auch Abel traten vor den wahren Gott, aber das Opfer des einen wurde angenommen, das des anderen zurückgewiesen. Das Neue Testament spricht von solchen, *»die den Weg Kains gegangen* *sind«* (Jud 11), das heißt, die meinen, sie könnten auf ihre eigene Weise und zu ihren eigenen Bedingungen zu Gott kommen.

Nadab und Abihu waren Aarons Söhne und Moses Neffen. Sie wurden Gott geweiht. Eines Tages opferten sie Gott *»fremdes Feuer«*, und Gott antwortete in gleicher Weise: *»Da ging Feuer vom Herrn aus und verzehrte sie. Und sie starben vor dem Herrn«* (3Mo 10,2).

Wir sind versucht, Gott zu beschuldigen, er habe überreagiert. Es waren junge Männer, die wohl eine zweite Chance verdient hätten; sie waren ja sogar Söhne Aarons, des Hohenpriesters. Wir hätten da ein wenig Spielraum erwartet. Aber genau da, am Altar Gottes, sahen sich Nadab und Abihu der unmittelbaren Vernichtung gegenüber – kein Prozess, keine zweite Chance.

Warum tat Gott das? Er selbst erklärt es: *»Bei denen, die mir nahen, will ich geheiligt, und vor dem ganzen Volk will ich verherrlicht werden«* (3Mo 10,3). Der Fehler dieser Männer war nicht, dass sie zu dem falschen Gott gekommen wären, sondern dass sie in der falschen Weise kamen. Sie mussten auf die harte Art lernen, *dass nicht einfach jeder beliebige Weg möglich ist.*

Jeder Zugang in die Gegenwart Gottes muss vermittelt sein; wir als Sünder können uns ihm nicht allein nähern. Warum müssen wir durch Jesus zu ihm kommen? *Als der Gott-Mensch ist Jesus vollkommen sündlos und daher der Einzige, der uns die Gerechtigkeit geben kann, durch die wir in der heiligen Gegenwart Gottes stehen können.*

Das Christentum leistet jeder Form der Idee unbeugsamen Widerstand, dass die Erlösung unserer eigenen Bemühungen bedürfe. Alle menschlichen Verdienste – jene guten Taten, nach deren Vollbringen wir uns besser fühlen – müssen hinsichtlich unserer Versöhnung mit Gott permanent beiseite geschoben werden. Taten der Tröstung und der Güte finden wir in allen Religionen der Welt; offenbar ist es viel besser, ein guter Mensch zu sein, als ein schlechter. Aber das Christentum besteht darauf, dass keines dieser Werke in der Lage ist, Gottes Ansicht über unsere Sünde zu ändern.

Wir denken von uns selbst gern besser als von anderen. Wenn wir uns aber selbst mit Gott vergleichen – der einzige Standard, der vor ihm Geltung hat –, dann wird uns klar, dass es zwischen uns allen in der menschlichen Familie kaum Unterschiede gibt. Wir haben nichts gemein mit der Heiligkeit Gottes. Augustinus sagte: »Wer die Heiligkeit Gottes begreift, verzagt bei dem Versuch, ihn zu besänftigen.« Wenn Gott nicht selbst die Initiative ergriffen hätte, uns zu retten, dann könnten wir nicht errettet werden.

Wie kann sich Gott mit Sündern verbinden und dennoch seine Ehre behalten? Gott erreicht sein gewünschtes Ziel, ohne dass seine Heiligkeit korrumpiert werden oder einen Makel erleiden könnte. *Daraus folgt, dass nur Gott selbst seine eigenen Forderungen erfüllen konnte, und in Christus tat er genau das.* Keine andere Religion erhebt Anspruch auf einen einzigen Schöpfergott, der Mensch wird, um uns zu erlösen. In diesen grundlegenden Dingen ist das Christentum ein ausschließliches Original.

Verständlich, dass Thomas Jesus fragt: »Wie können wir den Weg wissen?« Er bekommt die klare Antwort: *»Ich bin der Weg und die Wahrheit und das Leben. Niemand kommt zum Vater als nur durch mich«* (Joh 14,6). Ein Tourist, der durch die Wüste wanderte fragte seinen Führer: »Wo ist der Weg?«, worauf der Führer antwortete: »Ich bin der Weg.«

Jemand hat gesagt, Christus ist der einzige Weg aus der Verderbnis des Menschen zu Gott dem Vater – der einzige Weg aus der Stadt des Verderbens in die himmlische Stadt.

Als Philippus Jesus bat: *»Zeige uns den Vater, und es genügt uns«*, erwiderte Jesus einfach: *»Wer mich gesehen hat, hat den Vater gesehen«* (Joh 14,8-9). Es war Gott, der in ein einfaches jüdisches Heim eintrat, Gott, der sich nicht schämte menschliche Arbeit zu leisten, und Gott, der wusste, was es bedeutete, versucht zu werden. Es war Gott, der an dem Kreuz hing.

Jesus sagte praktisch zu Philippus: »Höre mich! Sieh mich an! Glaube an mich! Dann wirst du den Vater kennen. Ich kann euch nach Hause bringen.«

Die Theologie der Grinsekatz

Religiös Liberale – insbesondere Pfarrer – ringen immer wieder darum, was sie zu Weihnachten und zu Ostern sagen sollen. Die Geschichten des Neuen Testaments stehen ihnen vor Augen, aber wenn sie nicht an Engel glauben, an wegweisende Sterne oder an die Auferstehung Jesu, was können sie dann mit Überzeugung sagen? Kein Wunder, dass ein Osterzelt einer Gemeinde in Kalifornien die Aufschrift trug: »Ostern ist Blumenzeit.«

Weihnachten 2003 erklärte der Pastor einer großen Kirche in Chicago seiner Gemeinde: »Was machen wir mit dem Bericht über die Hirten, die Sterne und die Weisen aus dem Morgenland? ... Müssen wir glauben, dass diese Ereignisse wirklich geschahen? Nein, müssen wir nicht. Worauf es ankommt, das ist der *Geist* von Weihnachten!« Obwohl sich also diese Geschehnisse angeblich niemals ereigneten, werden wir eingeladen, nach dem Geist von Weihnachten und dem Geist von Ostern zu forschen. Die Gnostiker hätten ihre Freude daran!

Vor mehr als sechzig Jahren beschrieb H. Richard Neibuhr das amerikanische Christentum auf eine Weise, die heute so aktuell ist wie damals. Er sagte: »Ein Gott ohne Zorn brachte Menschen ohne Sünde in ein Reich ohne Gericht durch den Dienst eines Christus ohne Kreuz.«

Ich fühle mich an die Grinsekatz aus dem Kinderbuch *Alice im Wunderland* erinnert. Obwohl die Katze verschwand, konnte man in der Finsternis immer noch ihr Grinsen sehen. Damit will ich natürlich auf Folgendes hinaus: Der »Geist« von Weihnachten oder von Ostern bedeutet gar nichts, wenn die betreffenden Ereignisse nicht wirklich stattfanden. Genauso gut könnten wir behaupten, es gäbe Orangen ohne Bäume oder ein Rad ohne Nabe. Ganz klar – wenn diese Erlösungsereignisse nicht geschehen sind, dann müssen wir uns selbst erlösen, so gut wir können.

Bei der Beschreibung der falschen Lehrer seiner Zeit schrieb Judas: *»Diese sind ... Wolken ohne Wasser, von Winden fortgetrieben; spätherbstliche Bäume, fruchtleer, zweimal erstorben, entwurzelt; wilde Meereswogen, die ihre eigenen Schändlichkeiten ausschäumen; Irrsterne, denen das Dunkel der Finsternis in Ewigkeit aufbewahrt ist«* (Jud 12-13). Und er versäumt auch nicht zu sagen, was ganz offensichtlich ist – dass diese Lehrer nämlich *»nach ihren eigenen Begierden wandeln«* (Jud 16).

Mithras ist nicht Jesus, und der Jesus der Gnostiker ist nicht der Jesus des Christentums. Der Jesus des Neuen Testamentes wurde von einer Jungfrau geboren, starb für unsere Sünden, ist wieder auferstanden und lädt uns nun ein, an seinem Sieg teilzuhaben. Wenn wir das Licht zurückweisen, wie groß ist dann die Finsternis!

»Jesus redete nun wieder zu ihnen und sprach: Ich bin das Licht der Welt; wer mir nachfolgt, wird nicht in der Finsternis wandeln, sondern wird das Licht des Lebens haben« (Joh 8,12).

NACHWORT

Ich las einmal, der schwedische Filmregisseur Ingmar Bergman habe geträumt, in einer großen Kathedrale in Europa zu stehen und ein Bild Jesu zu betrachten. Ohne die Hoffnung, ein Wort von außerhalb seiner Welt zu hören, flüsterte er: »Sprich mit mir!«

Tödliche Stille.

Diese Antwort, heißt es, war die Motivation für seinen Film *Das Schweigen*, der Menschen zeigt, die verzweifelt versuchen, Gott zu finden. In unserer Welt, so glaubt man, können wir nur uns selbst hören. Von außerhalb des menschlichen Einflussbereiches kommen keine Stimmen zu uns, um uns über die letztgültige Realität zu informieren. Wenn wir nach einem Wort Gottes suchen, sehen wir uns oft mit völligem Schweigen konfrontiert.

Hat Gott gesprochen, oder schweigt das Universum hinsichtlich der letzten Fragen? Wenn Gott nicht gesprochen hat, dann müssen wir selbst auch schweigen, denn wenn Gott nicht gesprochen hat, dann haben wir keinen Einblick in die Bedeutung des Lebens. Dann können wir auch keine moralischen Fragen beurteilen oder über die Möglichkeit eines Lebens nach dem Tode spekulieren. Dann müssen wir auch bei unserer Suche nach Gerechtigkeit schweigen, denn wenn es keinen Gott gibt, dann haben wir auch keine Versicherung, dass die Waagschalen der Gerechtigkeit jemals ins Gleichgewicht gebracht werden.

Die gute Nachricht: Es gibt überwältigende Beweise dafür, dass Gott gesprochen hat, und er tat es unmissverständlich. Die Bibel lehrt, dass Gott durch die Natur gesprochen hat. Aber die Natur sagt uns nicht, ob Gott die Welt liebt. Sie sagt uns auch nicht, wie wir mit unserem Schöpfer ausgesöhnt werden können.

Da Gott auch in menschlicher Sprache zu uns reden wollte, kam er in der Person Jesu zu uns. Wir lesen: *»Nachdem Gott vielfältig und auf vielerlei Weise ehemals zu den Vätern geredet hat in den Propheten, hat er am Ende dieser Tage zu uns geredet im Sohn, den er zum Erben aller Dinge eingesetzt hat, durch den er auch die Welten gemacht hat«* (Hebr 1,1-2).

Als Jesus in menschlicher Form erschien, gab es eine Explosion der Offenbarung. Er ist Gottes letzte und vollständigste Botschaft an die Menschheit. Und wenn wir ehrlich sind, müssen wir zugeben: Die Beweise dafür, dass Jesus der Sohn Gottes ist, sind überwältigend.

Bei einer Bibelbetrachtung, an der ich einmal teilnahm, traf ich eine jüdische Frau, die mir gestand, wie verzweifelt sie die Wahrheit Gottes zu finden wünschte. Sie erzählte, dass sie jeden Tag gebetet hatte, Gott möge ihr zeigen, wie sie zu einer persönlichen Beziehung mit ihm kommen könne. Aber der Gedanke, dass Christus der Sohn Gottes sein könnte, der Messias, erschreckte sie. *Oh Gott*, betete sie oft, *bitte, bitte sei jemand anderer als Jesus!*

Am Ende ihrer Suche trafen allerdings ihre schlimmsten Befürchtungen ein: *Gott stellte sich als Jesus heraus!* Wir haben jeden Grund zu glauben, dass sie Recht hatte. Lenin behauptete, wenn der

Kommunismus einmal vollkommen durchgesetzt sei, werde es in jedem Haushalt Brot geben. Er konnte jedoch niemals sagen: *»Ich bin das Brot des Lebens: Wer zu mir kommt, wird nicht hungern, und wer an mich glaubt, wird nimmermehr dürsten«* (Joh 6,35).

Buddha lehrte die Erleuchtung, aber er starb auf der Suche nach mehr Licht. Er sagte nie: *»Ich bin das Licht der Welt; wer mir nachfolgt, wird nicht in der Finsternis wandeln, sondern wird das Licht des Lebens haben«* (Joh 8,12). Sigmund Freud glaubte, dass Psychotherapie emotionale und spirituelle Leiden heilen könne. Aber er konnte nicht sagen: *»Frieden lasse ich euch, meinen Frieden gebe ich euch; nicht wie die Welt gibt, gebe ich euch. Euer Herz werde nicht bestürzt, sei auch nicht furchtsam«* (Joh 14,27).

Immer, wenn ich einen Atheisten oder Agnostiker[1] treffe, dann fordere ich ihn zu einem 21-Tage-Versuch auf. Es ist ganz einfach: Ich bitte ihn, jeden Tag mit offenem Herzen ein Kapitel aus dem Johannesevangelium zu lesen. Ich fordere in der Tat sogar Ungläubige dazu auf zu beten: *Gott, wenn es dich gibt, dann zeige es mir.* Die, die den Mut hatten, meinen Vorschlag auszuführen, gaben reumütig zu, dass die Geschichten über Jesus nicht erfunden sein konnten. Es hat einfach keinen Sinn zu glauben, dass derselbe, der die Bergpredigt hielt, uns hinsichtlich seiner Identität hinters Licht führen würde. Wir müssen entweder anerkennen, dass er der Sohn Gottes ist, oder ihn als wahnsinnigen Fanatiker wegdiskutieren.

Vor Jahren sah ich im Rijksmuseum in Amsterdam Rembrandts berühmtes Gemälde *Die Nachtwache.*

Wenn ich der Museumsführerin gesagt hätte, das Gemälde müsse neu gemalt werden, um meinen Erwartungen und meinem Geschmack zu entsprechen, dann würde sie jedes Recht gehabt haben zu sagen: »Ich zweifle hier nicht an dem Gemälde, sondern an ihnen!«

So, wie Amateure schnell ihr Urteil formulieren, wenn sie ein Meisterstück sehen, so fällen Menschen heute oberflächliche Urteile über Jesus. Wenn sie sich nur ein wenig mehr zurückhalten könnten, dann würden sie erkennen, dass nicht Jesus, sondern sie selbst beurteilt werden.

Keine andere Religion der Welt lehrt, was Christus lehrte: Unsere Aussöhnung mit Gott ist ein kostenloses Geschenk an uns als unwürdige Sünder. Der Grund? Wir besitzen nicht die Gerechtigkeit, die Gott gefällt; *wir können uns nicht selbst gut genug für Gott machen.* Da wir unsere Beziehung zu Gott nicht selbst korrigieren können, bedürfen wir einer riesigen Dosis Gnade.

Es gibt Hoffnung für alle, sogar für jene, die glauben, es sei hoffnungslos. Gott kann große Sünder ebenso erretten wie »bessere« Menschen. Im Blick steht nicht die Größe unserer Sünde, sondern vielmehr die Schönheit der Gerechtigkeit, die meinem Lebenskonto gutgeschrieben wird. Stellen Sie sich einen schlammigen Feldweg mit ausgefahrenen Radfurchen vor; daneben verläuft eine viel befahrene Straße, die gepflegt und sicher wirkt. Wenn der Schnee zwei Fuß hoch gefallen ist, können Sie den Unterschied zwischen den beiden Wegen nicht mehr sehen! Gerade so bedeckt

Christus unseren »Schmutz« (egal ob viel oder wenig) mit seiner Vergebung und Gnade, wenn wir ihm glauben.

Diese Gnade muss offenbar ein freies Geschenk sein – frei deshalb, weil wir durch eigenes Gutsein und durch eigene Besserungsversprechen nichts hinzufügen können. *»Denn aus Gnade seid ihr errettet durch Glauben, und das nicht aus euch, Gottes Gabe ist es; nicht aus Werken, damit niemand sich rühme«* (Eph 2,8-9).

Wenn ich nun dieses Buch schließe, lade ich Sie ein, sich vor Christus zu beugen – nicht vor dem Christus aus *Sakrileg*, sondern vor dem Christus des Neuen Testaments, der alle einlädt, zu ihm zu kommen und Gnade und Vergebung zu empfangen. Zu einem Gelähmten sagte er: *»Kind, deine Sünden sind vergeben«* (Mk 2,5) und einer Sünderin gab er diesen Trost: *»Dein Glaube hat dich gerettet. Geh hin in Frieden!«* (Lk 7,50).

Nach seiner Auferstehung und Himmelfahrt versicherte Jesus: *»Fürchte dich nicht! Ich bin der Erste und der Letzte und der Lebendige, und ich war tot, und siehe, ich bin lebendig in alle Ewigkeit und habe die Schlüssel des Todes und des Hades«* (Offb 1,17-18).

Das sind Worte eines glaubwürdigen Erlösers!

Anmerkungen

Vorbemerkung des Autors

1. Justin Pope: *Books Examine Jesus, as Part of U.S. History, Culture*, in: *The Chicago Sun Times*, 13. Februar 2004, S. 48.

Vorwort

1. Dan Brown: *The Da Vinci-Code* (New York 2003, Doubleday); in deutscher Sprache erschienen unter dem Titel *Sakrileg* (Bergisch Gladbach 2004, Lübbe). Zitatangaben im Folgenden nach der dt. gebundenen Ausgabe.
2. Ibid., S. 421.
3. Ibid., S. 423.
4. A.d.Ü.: Ein kontinentaler amerikanischer Fernsehsender.
5. A.d.Ü.: *Die Templer-Offenbarung: Geheime Bewahrer der wahren Identität Christi*
6. Dan Brown, S. 173.

1. Kapitel

1. Dan Brown, S. 322.
2. Ibid., S. 318.
3. Ibid., S. 172.
4. Mark A. Noll: *Turning Points: Decisive Moments in the History of Christianity*, (Grand Rapids 1997, Baker Book House), S. 50.
5. Ibid., S. 51.
6. William E. Hordern: *A Layman's Guide to Protestant Theology*, (New York 1955, Macmillan), S. 15-16.
7. Reinhold Seeberg: *The History of Doctrine*, (Grand Rapids 1964, Baker Book House), S. 211.
8. E. H. Klotsche: *The History of Doctrine*, (Grand Rapids 1979, Baker Book House), S. 18.
9. Geoffrey Bromiley: *Historical Theology: An Introduction*, (Grand Rapids 1978, Wm. B. Eerdmans Publishing Co.), S. 4.
10. Seeberg, S. 69.
11. Bromiley, S. 14.
12. Ibid., S. 20.
13. Lynn Picknett und Clive Prince: *The Templar Revelation: Secret Guardians of the True Identity of Christ*, (New York 1998, Touchstone Books Simon & Schuster), S. 261.
14. http://www.tertullian.org
15. Ebenda.
16. Ebenda.

2. Kapitel

1. Willis Barnstone und Marvin Meyer: *The Gnostic Bible,* (Boston und London 2003, Shambhala). Es gibt auch andere Übersetzungen der gnostischen Evangelien, z.B. James M. Robinson (Hrsg.): *The Nag Hammadi Library,* 3. Auflage (Leiden 1988, Brill).
2. Barnstone und Meyer, S. 19.
3. Dan Brown, S. 335.
4. David Van Biema: *The Lost Gospels,* in: *Time Magazine*, 22. Dezember 2003, S. 56.
5. Ibid., S. 56.
6. A.d.Ü.: die besondere Verfahrensweise.
7. Van Biema, S. 56.
8. *Banned from the Bible,* Special im History Channel am 25. Dezember 2003.
9. *Gnostic Bible,* S. 259.
10. Ibid., S. 478.
11. Diese drei Zitate sind dem in *The Gnostic Bible* zitierten *Thomas-Evangelium* entnommen; S. 46,51,57.
12. Dieser Kommentar von Traian Stoianovich wird zitiert in Dennis McCallum (Hrsg.): *The Death of Truth,* (Minneapolis 1996, Bethany House), S. 139.
13. Dan Brown, S. 350.
14. Raymond E. Brown: *The Gnostic Gospels,* in: *The New York Times Book Review*, 20. Januar 1980, S. 3.
15. Andrew Greely: *Da Vinci ist More Fantasy Than Fact,* Rezension in *National Catholic Reporter*, 3. Oktober 2003.
16. A.d.Ü.: So Lukas 1,3 in Luther'84 u.a.
17. Sir William Ramsey: *The Bearing of Recent Discovery on the Trustworthiness of the New Testament*, Nachdruck (Grand Rapids 1953, Baker Book House), S. 81.
18. Van Biema, S. 56.
19. Elaine Pagels bei Van Biema, S. 57.
20. Ibid.

3. Kapitel

1. A.d.Ü.: in der amerikanischen Originalfassung (*The Da Vinci-Code*; New York 2003, Doubleday). Der deutsche Titel *Sakrileg* kommt aus dem Lateinischen und bedeutet »Entweihung«, »(religiöser) Frevel«.

2. Dan Brown, S. 336.
3. A.d.Ü.: Das Refektorium ist der Speisesaal eines Klosters.
4. Dan Brown, S. 327/28.
5. Bard Thompson: *Humanists and Reformers: A History of the Renaissance and Reformation*, (Grand Rapids 1996, Eerdmans), S. 141-143.
6. Bruce Bucher: *Does ›The Da Vinci Code‹ Crack Leonardo?*, im Feuilleton der *New York Times*, 2. August 2003.
7. Patrick R. Reardon: *The Da Vinci Code Unscrambled*, in *Die Zeit* in *The Chicago Tribune*, 5. Februar 2004, Heft 5, S. 4.
8. Dan Brown, S. 605.
9. Barnstone und Meyer, S. 273.
10. Dan Brown, S. 338.
11. Barnstone und Meyer, S. 270.
12. Ibid., S. 286.
13. Ibid., S. 479-481.
14. Picknett und Prince, S. 350.
15. Ibid., S. 258.

4. Kapitel

1. Dan Brown, S. 317/18.
2. Zum Beleg für die Glaubwürdigkeit der Bibel lesen Sie von Erwin Lutzer: *Seven Reasons Why You Can Trust the Bible* [deutsch: *Sieben Gründe, warum ich der Bibel vertrauen kann*, CV, Dillenburg 2000], (Chicago 1998, Moody Press).
3. A.d.Ü.: deutsch = Geschichtskanal. Ein amerikanischer Fernsehsender, der sich ausschließlich mit Fragen der Geschichte beschäftigt.
4. D. A. Carson, Douglas Moo und Leon Morris: *An Introduction to the New Testament*, (Grand Rapids 1992, Zondervan), S. 491.
5. F. F. Bruce: *The Canon of Scripture*, (Downers Grove, Ill. 1988, InterVarsity Press), S. 160.
6. Ibid., S. 204.
7. Carson, Moo und Morris, S. 492-495.
8. Norman Geisler und William E. Nix: *A General Introduction to the Bible*, (Chicago 1986, Moody Press), S. 430.
9. Zitiert bei Don Kistler (Hrsg.): *Sola Scriptura! The Protestant Position on the Bible* [A.d.Ü.: *Sola Scriptura* (Nur die Schrift)*! Der protestantische Standpunkt zur Bibel*], (Morgan, Penn. 1995, Soli Deo Gloria Publications), S. 19.

5. Kapitel

1. Dan Brown, S. 461/62.
2. Ibid., S. 462.
3. Robert W. Funk, Roy W. Hoover und Das Jesus Seminar: *The Five Gospels: What Did Jesus Really Say?*, (New York 1993, Scribner), S. 2.
4. *U.S. News & World Report*, 1. Juli 1991, S. 58.
5. A.d.Ü.: Die Auffassung, das Subjekt sei der alleinige Maßstab alles überhaupt Bewertbaren; auch: Ichbezogenheit.
6. John Warwick Montgomery: *History and Christianity*, (Downers Grove 1971, InterVarsity Press).
7. Ibid., S. 26, 27.
8. Ibid., S. 28.
9. Josephus: *The Essential Writings*, hrsg. von Paul Maier, (Grand Rapids 1988, Kregal), S. 264; A.d.Ü.: in Deutschland erschienen: *Des Flavius Josephus jüdische Altertümer* (Darmstadt 1985, Joseph Melzer Verlag), S. 515f.
10. S. W. Baron: *Social and Religious History of the Jews II*, 2. Auflage, (New York 1952, Colombia University Press), S. 58ff. Zitiert in Montgomery, S. 68.
11. Montgomery, S. 68-69.
12. Bernhard Ramm: *Protestant Christian Evidences*, (Chicago 1957, Moody Press), S. 232-233.

6. Kapitel

1. Dan Brown, S. 319/20.
2. Edwin M. Yamauchi: *Pre-Christian Gnosticism: A Survey of the proposed Evidences*, (Grand Rapids 1973, Eerdmans). In diesem ausgezeichneten Buch werden der frühe Gnostizismus und seine Beziehungen zur christlichen Kirche untersucht.
3. Elaine Pagels: *The Gnostic Gospels*, (New York 1979, Random House), S. 95.
4. Ibid., S. 11.
5. Ibid., S. 120.
6. Ibid., S. 122.
7. Ibid., S. 110-111.

Nachwort

1. A.d.Ü.: Ein Anhänger der philosophischen Lehre von der Unerkennbarkeit Gottes oder der Wahrheit.